幼教機構財務管理

戰寶華

作者簡介

戰寶華

現職單位： 國立屏東大學教育行政研究所副教授

最高學歷： 美國密蘇里大學—哥倫比亞校區經濟學博士

學術經歷： 實踐大學高雄校區財務金融系系主任

專業證照： 1999 年 11 月通過 CFP（Certified Financial Planner，國際認
證理財規劃顧問）考試，2000 年 1 月正式獲頒 CFP 證照。

推薦序

　　財務管理是幼教機構營運動力之重心所在，攸關園所經營之成敗，不可不用心體察並盡力落實管控機制。然而幼教機構之財務報表、預算編製、會計核銷、資金管理、銀行融資、資產分析、以至於流動資金之投資組合，構成一包含邏輯、數理、經濟、會計、統計之複雜而艱澀學科。修習此一學科，必須加倍用心與細心，而一本易讀、易懂的財管書籍對園所管理者是迫切需要的。因此詳讀「幼教機構財務管理」一書後，深感本書著重於觀念之養成，摒除艱辛難以理解的內容，以言簡意賅之重點式提要，畫龍點睛地闡述財務管理知識與技巧，具有下列四項獨特之優點：

(1)提供實務應用性高，又能即學即用的財務管理知識，並以園所營運案例說明，讓讀者學習財務管理立即可以應用。

(2)流程圖表設計清晰詳細，凸顯出各種特別資訊，輔助讀者快速擷取有效知識，此乃本書有別於其他財管書籍之加值設計。

(3)分主題引導讀者從如何編製財務報表的各個項目，分層解析說明，再到實際運用財務比率來分析評估經營績效及發現營運盲點。

(4)實例介紹如何擬訂營運規劃與預算編製，培養並運用絕佳的財務管理能力，分析資本結構與融資計畫，強化園所經營戰鬥力。

　　總而言之，財務管理對幼教機構發展具有實質性之影響，身為一位園所管理者，除了應主動了解財務決策對機構之影響層面，以及產生影響的過程與原因，更應時時注意管理趨勢之脈動與相關法規之修定。本書以園所財管流程不可或缺之十三個重要議題為中心，以循序漸進與條理分明之架構剖析園所發展致勝策略，章章均有發人深省之見解。相信

如此一本契合現實需求之幼教財管專書，定能對幼教夥伴們有所助益，
並可協助園所獲致優異之管理績效。

陳惠珍

二〇〇五年一月

於屏師幼教系

自　序

　　三年前自北美返國，在國科會補助下連續兩年共同參與幼教財管議
題之專案研究計畫，有感於國內幼教機構對園所財務管理需求之殷切，
但坊間並無針對幼教機構撰寫之財務管理書籍，經過縝密之規劃設計，
終於完成「幼教機構財務管理」一書。本書以淺顯易懂的文字圖表與常
見之園所營運實例引領讀者進入財務管理殿堂，讓讀者得以親身體驗園
所財務管理流程。因此，本書不但非常適合幼教機構管理者做為強化園
所管理流程之依據，也適合各界人士閱讀參考之用。

　　本書內容係融合筆者自美國密蘇里大學哥倫比亞校區畢業後，於北
美學術界與金融界工作之實務經驗及 2000 年取得 CFP（Certified Finan-
cial Planner，國際認證理財規劃顧問）證照之理論基礎，再加上回國三
年多之教學與研究心得總集而成。本書之目的不是提供國內幼教機構立
即致富的方法，而是提供有效管理園所資產的相關知識。

　　本書共分五大部分，以精確、務實、規劃、分析、以及策略角度探
討幼教機構財務管理之理論與實務，內容涵蓋財務報表編製、財務比率
分析、會計核銷程序、帳務處理程序、財務結構規劃、融資決策探討、
預算分析評估、經濟環境分析、成本效益分析、資金管理策略、及資產
管理策略等十三重要主題。讀者在詳讀本書之後，可對幼教機構財務管
理構建一個有利的競爭位階與架構，從而奠定運用高深財務理論之基
礎，追求合理決策提昇經營管理績效，整合園所資產發揮最大經濟綜
效，進而達成幼教機構之理想使命與社會責任。

　　本書之完成與出版，最要感謝國科會專題研究計畫之補助、家人之
體諒、以及出版社之配合。若非父母的長期栽培、內人的支持鼓勵、國
科會的經費補助、及心理出版社的全力協助，就不會有此書的問世，在

此由衷表達誠摯的感激與謝意。

　　最後，幼教機構之財務管理在國內尚屬萌芽階段，但在風險與競爭日益加劇之幼教經營環境已逐漸受到業者的重視，需要不同領域專家學者共同參與研究，期能為幼教產業提供具效益性之資源配置模式與具競爭力之經營管理技巧。筆者才疏學淺，且執筆倉促，本書如有疏漏舛誤之處，尚祈各界先進不吝賜正，俾於日後修正補充之參考。

戰寶華

國立屏東師範學院教育行政研究所

二〇〇五年一月

目　錄

第一章　概論

第一章　概論

第一節　前言

就經營角度而言，財務管理是指管理與規劃組織機構內外部資金及與資金相關之一切活動，其活動包括：財務目標訂定、日常收支款項、會計帳目登錄、支出憑證核銷、財務報表編製、資本結構分析、預算決算程序、營運資金管理、固定資產管理等等。然而，環視今日營運環境，全球經濟動向不明、金融利率起伏不定、通貨膨脹緊縮不一、有限資源分配不均，再加上消費者信心時而樂觀、時而悲觀的因素，遂使企業機構之財務部門倍感任務艱鉅，無一不積極籌措財務資源，並規劃兼具效率與效能之運用流程，以期妥善分配運用資源，獲致最大的長程效益。

幼教機構之經營環境亦不例外，根據民國九十年全國幼兒教育普查的結果顯示，雖然公立幼稚園教師待遇與福利比照小學教師，受到相當程度之保障，但是私立幼稚園教師待遇標準與福利的訂定會因「幼稚園園務經營動態」與「所列各項收入是否符合成本」而有明顯差異。經營順利的私立幼稚園給付合格教師每月薪資三萬元以上、不合格教師二萬五千元左右之比例較高，對其教師退休撫卹是比照公立幼稚園標準的比率也較高。相對地，經營困難的私立幼稚園則是不論合格與不合格，給付每月二萬元以下薪資之比例均較高，而勉力維持的私立幼稚園，對其教師退休撫卹是採自訂標準的比率較高，比照公立幼稚園標準的比率則較低。另外，所列各項收入符合成本的私立幼稚園，不但給付不合格教師二萬五千元以上之比例較高，其教師退休撫卹標準比照公立幼稚園的比率也較高。由此可知，私立幼稚園教師的待遇、退休撫卹與幼稚園的營運狀態以及經營者的財務規劃與分析能力是息息相關的。因此，若欲

改善私立幼稚園教師的待遇福利及工作生態環境，以尊重幼教教師在專業上的「經濟價值」，關鍵即在於經營者是否具備有實地評估本身園所條件和薪資結構的能力，然後訂定合理的起薪、調薪及退休制度，讓幼教老師能看到未來願景，得以在平穩的工作環境中專心致力於教學品質的提昇（楊國賜、蔡榮貴，2002）。

因此，園所財務規劃、分析、籌措、分配、調度、與運用之具有效率與否，不但直接影響幼教機構經營命脈之興衰，亦會對幼教師資與教學品質造成衝擊。以及預定九十四年七月即將實施之勞退新制，對幼教機構經營生態，無異是雪上加霜。但是經濟的不景氣，政府財政支出的日漸龐大，加上在經營上既有的競爭與現實壓力，若台灣幼教機構的財務管理只著重於如何開源，而忽略了財務規劃、資金運用與資產管理之重要性，對日後生存營運將有極不利之影響。由於國內關於幼教機構財務管理之資源極度的缺乏，因此，協助提昇台灣現今學前教育機構之財務管理技術，進而規劃妥善經營策略，是當前刻不容緩且極為迫切之要務（戰寶華、陳惠珍，2004）。

第二節　財務管理之發展脈絡

財務管理涵蓋的範圍乍看之下似乎相當廣泛，但其中心思想的演進脈絡卻環環相扣，為便於進一步了解其規劃分析內容，以下將簡短介紹財務管理之歷史沿革與趨勢。今日之財務管理領域，於二十世紀之初，自經濟學領域中脫穎而出，歷經近一世紀的演進後，已趨成熟務實階段，但仍與經濟學密不可分（Block and Hirt, 2002）。其研究之重點係結合對商業界及政府部門的觀察，再試圖將這些行為模型化並精簡的解釋，以反映每個時代的需要。

基礎財務管理學（fundamental finance）始於二十世紀初，當時美國掀起一片企業購併之浪潮，所重視的是合併與收購後管理制度上的會計與財務相關議題，可以說是財務管理的啟蒙時期。傳統財務管理學（traditional finance）始於 1930 年代，因美國發生了經濟大恐慌，許多企業因經營不善而倒閉，財務管理的重點轉移為組織機構破產與重整及債權

人權益的相關議題。1960 年代後，現代財務管理學（contemporary finance）以財務經濟學（financial economics）為主體，從理性的經濟行為出發，分析市場競爭狀況，投資獲利機會，開始以學術理論評估投資技巧，並關心資產與負債的管理，規避機構財務上的風險，以便提高機構價值（Van Horne, 2001）。1990 年代以後，新經濟時代資訊快速發展使美國又興起一波公司購併的浪潮，但以擴展核心事業，增加競爭力為目的。再加上衍生性金融商品蓬勃發展，經紀人理論（agency theory）因而出現。所謂經紀人理論是指機構的業主及其專業經理人之間的關係。以一般中小機構而言，管理階層和業主兩者不分，但在機構合併成大眾公司後，管理階層將成為各方業主的代表人。因此，管理階層之各項經營決策，均必須符合全體股東的最佳利益，然而因利益懸殊，可能對財務決策產生一定程度的衝擊。一般說來，機構規模愈大，所需的財務管理知識與操作技巧難度就愈高。因此，新興財務管理學（new finance）融入更多計量的研究方法，試圖更周延地分析以往財務經濟學無法解讀的現象（Haugen, 2003）。

第三節　財務管理之決策機制

財務管理決策機制完善與否，攸關財務作業效率與效能，以及機構體質能否健全發展。選定適合機構本身主客觀條件之決策機制，不但可以大大提高管理者透析財務狀況與經營績效的潛能，並能有效擬定改善財務結構之策略及指出獲利能力的方向，進而增強機構競爭力，獲致最佳化的經營成效，為機構營造最大利基。財務管理之決策機制可分兩方面討論：一是財務管理組織決策單位之分析，二是財務管理經濟決策概念的釐清（Bryce et al., 1999）。

壹、財務管理之決策單位

一、幼教機構之所有權型態

　　幼教機構有多種不同的所有權型態，但不論何種型態，均設有財務或出納部門。通常較重要的組織型態可分為獨資（sole proprietorship）、合夥（partnership）、加盟（franchising）、及公司（corporation）等四種。獨資是指由一人擁有及運作的機構。合夥關係由兩人或兩人以上所共同擁有的營運事業體：一般合夥關係（general partnership）是指合夥人對機構負有完全的權利和義務；有限合夥關係（limited partnership）是指至少有一名承擔無限責任的一般合夥人，以及一名依照其在機構的投資而承擔有限責任的有限合夥人，所組成的組織型態。加盟則為加盟總部以加盟合約與加盟金或權利金為根據，協助加盟主創業與經營，以使達到事業獲利之共同合作目標。股份有限公司是依據公司法所創立之法定實體，其資產、責任乃是由其所有人共同承擔（Ferrell and Hirt, 2002）。

（一）獨資

　　獨資的組織型態最為簡單，機構之所有權僅歸一人所有，組織成本及營業成本最低，因此其決策機制也最為簡易。絕大部分之幼教機構，均屬此一型態。獨資機構最大的缺點是業主在債務上有無限的清償責任，一旦經營發生問題，不但機構本身的資金全部損失，業主的個人資產也同遭損失。因此，一般金融業者對獨資機構的貸款或融資，均相對較為保守。獨資機構另一項缺點是經營者必須繳交個人所得稅和機構應繳稅額，依稅法規定，獨資機構的盈虧必須納入業主個人年度綜合所得稅中合併申報付稅。

（二）合夥

　　合夥的組織型態與前述之獨資甚為類似，不過業主必須在兩人以上，其優點包括：才能技術結合及財務資源籌措均較為方便；權利義務與責任則由多位業主共同承擔，故合夥條款（articles of partnership）需明確記載每位合夥人貢獻的金錢或資產及其管理角色，以便計算盈餘或損失分配之用。在稅捐方面，為避免雙重課稅的問題，盈虧均直接分配予各合夥人。

　　與獨資事業相同，一般合夥關係機構最大的缺點亦是合夥業主對於負債有無限責任。但有限合夥關係合夥人對機構的負債，則以其最初的出資金額為限，故有限責任合夥人，通常不得積極參與事業的經營。因此，金融銀行機構對於有限合夥機構，亦不一定皆樂於貸款或融資。（Sihler et al., 2004）

（三）加盟

　　加盟是指幼教機構具有銷售加盟總部產品或使用加盟總部名稱的權利。其優點是開園速度較快，加盟業主不必投入大筆開園資金，就可以擁有掛上企業集團商號的連鎖加盟店，同時立即享有總部後勤支援的核心優勢與專業服務，從採購策略、成本議價、行銷包裝、課程設計、營運管理、價格競爭、物流配送各方面著手，一方面可以避免創業的風險，一方面又可以提高創業的成功機率。但暫且不論與獨資或合夥機構相似的缺點外，其缺點尚包括加盟條件相對嚴苛與加盟費用相對昂貴，且經營權在加盟總部手上，管理權相對薄弱，決策機制完全取決於加盟總部（Barkoff and Selden, 1997）。

　　在競爭激烈的幼教經營環境，加盟有日趨增加的趨勢，幼教業者希望以最迅速的方式利用外部的優勢補足自身內部的弱勢，以把握機會與克服威脅。連鎖加盟店依總部與加盟方式的不同，會導致優勢、弱勢、機會及威脅的著力點亦不同，幼教業者在營運管理、產品服務、後勤支援、及銷售優勢各方面皆需仔細考量，以建立一套完整的互惠支援系統。整理 Keup（2004）和 Tomzack（1999）的分析發現，現行連鎖加盟系統可分為下列五類：

　　⑴直營連鎖（**regular chain**）：由總公司直接出資經營並統一管理的連鎖店，每家商店的經營權、所有權及人事命令權都屬於連鎖總部，並擁有絕對管理控制權。

　　⑵自願加盟（**voluntary chain**）：由加盟者自願加入，彼此之間沒有主從之分，共同出資建立與維護連鎖加盟商店的形象，並以契約明訂連鎖總部和各加盟店的權利與義務，分店所有權與經營權屬加盟者，但部份接受總公司統一管理，並依規定使用相同商標

及選擇性使用商品、服務及經營技術經營該分店。因此，自願加盟業主可以向連鎖總部之外的供貨來源採購。

(3)**特許加盟**（**franchise chain by permission**）：特許加盟店之經營權與所有權大部分全部歸加盟者，但需完全接受連鎖總部統一管理。此乃市場創新者所發起的商業經營型態，加盟店與連鎖總部之間以契約規定彼此的權利與義務。雙方依據契約進行商業活動，包括明定連鎖總部提供之教育訓練、經營技術、商品服務、及商標商號使用權等；與加盟店需繳納之加盟權利金及自行負擔各項開業成本與經營費用等。

(4)**委託加盟**（**franchise chain by authorization**）：加盟總部百分之百獨立投資設立分店、分公司或營業所，並由加盟總部與加盟者締結契約，委託加盟者經營該分店，加盟店需依規定使用相同商標、商品、服務及經營模式。在投資成本上，店面的裝潢、租押金及生財器具等開辦費由總部負責，加盟者支付加盟金、權利金或保證金予總部，但接店後之管銷費用由加盟者負責。也就是說，開分店的所有權屬於加盟業主，經營權屬於加盟店，但是經營管理由加盟業主統一負責。

(5)**合作加盟**（**collaborative chain**）：由許多獨資業者共同出資籌設一個不具營利行為的批發物流中心，而獨資業者以業主身分參與經營，但加盟總部完全沒有統御領導權力，而是以服務性質為主，和各加盟店仍是以契約規定雙方的權利與義務。

（四）公司

公司的組織型態是商業界最為重要的經濟單元。公司組織的所有權人，為其股東，股東對公司的債務負有限責任。公司可永續經營並具有擴展潛力，不因其中任何股東是否存在而受影響。相對的，若股東人數過於龐大，則其決策機制也變的相對複雜。公司組織是一個獨立性的法人，因而必須報繳所得稅。其稅後盈餘再以股利之名，分別付予各股東；因此會發生雙重課稅的現象，此為公司的組織型態最主要缺點之一，故台灣幼教機構以公司的組織型態設立的情形並不如獨資與合夥普

遍，此一情形在城鄉差距上更為明顯。

二、幼教機構之權責體系型態

幼教機構之權責體系有多種型態，若依據企業組織劃分法來區隔其組織結構，一般常見的劃分方法有：功能別劃分法、學生別劃分法以及責任別劃分法（Brickley et al., 2002）。

（一）功能別劃分法

功能別劃分法係按照機構之基本業務機能，如教學部門、保育部門、事務部門、財務部門、研發部門、公關部門來劃分，其優點為每一部門皆有專責單位負責，可獲得充分規劃與發展，並符合專業分工合作精神。缺點是各部門間溝通協調不易，且設備常有重複之慮，較適合大型多元化幼教機構組織。

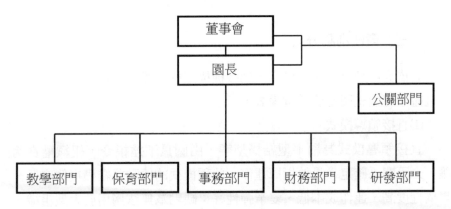

圖 1.1　幼教機構依功能別劃分法之基本權責架構

（二）學生別劃分法

此種劃分法為教育行銷方式的一種表徵，係將某一類型學生歸屬於同一部門，以提供最佳服務，爭取學生與家長認同，此種劃分法優點為有助於了解學生特性，建立密切互動關係，亦可有效因應學生與家長之要求，且學生與家長有被尊重的感覺，缺點為各部門須配置相同業務功

能人員，運作成本較高，且有時較難面面俱到。

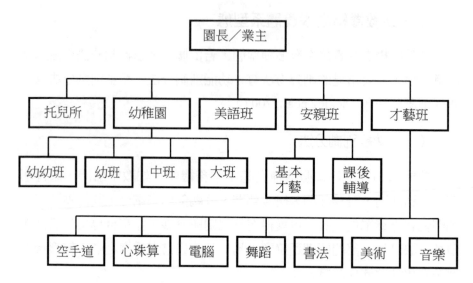

圖 1.2　幼教機構依學生別劃分法之基本權責架構

（三）責任別劃分法

　　若依責任別劃分法來界定，幼教機構之權責體系又可細分為較常見之直接領導模式與幕僚諮詢模式。

(1)直接領導模式

　　直接領導模式為扁平型結構型態，由園長下達指令，組織權責明確，上下關係確定，易於指揮運作。此種模式的優點為結構複雜度低、集權程度高、運作成本低、變革彈性好；缺點為無法適用於大型組織。

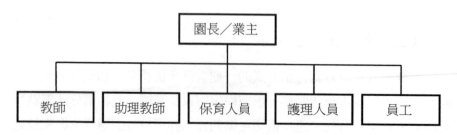

圖 1.3　幼教機構依責任別劃分法之直接領導模式的基本權責架構

(2)幕僚諮詢模式

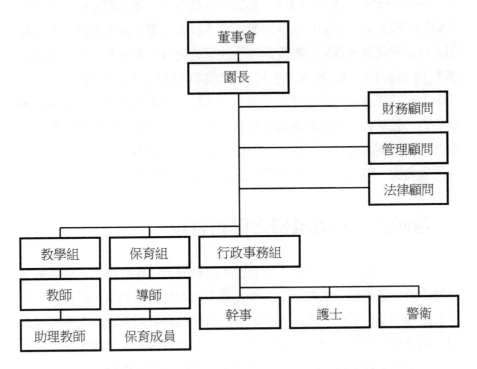

圖 1.4 幼教機構依責任別劃分法之幕僚諮詢模式的基本權責架構

　　幕僚諮詢模式為直接領導模式中另加設輔助幕僚或部門而形成的組織結構。此種組織結構可收直接領導模式易於指揮運作及幕僚人員專業分工之效益，惟常產生人員隸屬、權責分擔與溝通不良的問題。因此，園長若能透過內部行銷的意念溝通，破除各自隸屬的組織架構，結合幕僚專業人員不同經驗與專長，將可達集思廣益效果，提高人力運用效率。

貳、財務管理之決策概念

　　綜合以上論述，不論幼教機構之所有權型態是獨資、合夥關係、或股份有限公司，權責體系型態是簡單式結構或直線幕僚式結構，皆須秉

持穩健財務管理之思考邏輯，財務管理經濟決策概念以符合成本效益分析（cost-benefit analysis, CBA）為最高評估原則，結合開源節流與績效導向的管理原則，規劃以最少的營運成本投入，獲至最大之實質效用產出。這種經濟思考邏輯對於促進理性決策的達成非常重要，唯有留意機構整體資源的分配效率，才可能實現效用最大化的目標（Lasher, 2004）。同時運用正向思考與反向思考策略，激勵教職員工之歸屬感與向心力，教職員工為了確保自身權益，更會積極貢獻，以盡力維繫機構生存，創造更大權益。否則，面對快速變遷的產業環境，如果大家不能對自我負責，再完善的財務管理規劃亦將僅止於紙上作業。

第四節　幼教機構之財務管理

大部份的幼教機構，資本額有限，組織簡單，會計制度亦欠完備，管理經營決策依賴少數的管理人或經營者，因此管理風格一般皆流於：沒有足夠時間作策略規劃、非正式的內部稽核與管控鬆弛、人事問題浮現、同業惡性競爭、業務推展困難，若再加上營運資金調度失當與分配不當，或是財務結構不良與營運不善，都將危及幼教機構之生存發展，因此，完善的財務管理制度將是幼教機構永續經營發展之原動力（Battersby, 1995; Brower and Sull, 2001; Foster-Jorgensen and Harrington, 1996）。否則，在制度面、專業性與適應力等較不完備之先決條件下，若經營者又僅注重業務的開拓及學生數量，卻忽視了教學品質及財務上有關資金及負債的管理，當外在環境及本身營運出現問題時，加上景氣波動循環之影響，便極可能面臨財務困難而結束營業。

壹、幼教機構之財務管理缺失

Morgan（1997）指出園所長們若是以招生為主要責任，則是窄化也矮化了他們自身所扮演的角色。Culkin（1997）認為一個稱職的園所長必須具備有七大能力：園務的發展與維持、行政目標的計畫與執行、人事管理的效率、社區良好關係的建立、園內設備的維持與擴充、各種有

關法規的熟知、與財務管理的技巧。Culkin 亦提出在這必備的七大能力中，園所長們最弱、最欠缺的能力就是財務管理，這是因為園所長們的學習背景與專長以幼兒教育為主，而財務管理屬於繁雜且不易了解的專業領域，且大專院校為幼教學生所提供的課程一般並不包含有財務管理類，因此財務管理乃成為園所長們最頭痛、棘手的事務。公立幼教機構尚有學校會計出納專業人員，遇到問題較易得到協助，然而私立幼教機構確有經營管理上的盲點，在財務操作實務上常發生問題而無法及時發現與糾正。現就私立幼教機構財務管理問題作進一步的剖析，私幼常見的財務管理問題可分為下列幾項：

一、 資金運用不當

基本上資金運用的問題多半肇因於現金管理不善、應收款項不良、及付款與資本支出缺乏計畫。很多私幼對於現金缺乏正確觀念，沒有適當的現金收支規劃，亦未預估資金需求的時程，同時欠缺健全完整之會計紀錄，憑證保管不當，帳務不清或未按時記帳，致使實際營收額與應付帳款無法查悉，而使管理業者本身無法獲得正確之成本計算及了解營業得失，財務報表可信度亦低，不易獲得銀行的信任，導致信用薄弱（Battersby, 1995; Brower and Sull, 2001）。所以幼教機構只要事先做好財務調度之準備，使資金週轉順利，資金運用趨於靈活，效益即可提高。同時平日亦須與主要往來銀行溝通，建立良好信用歷史與往來關係，以備資金短缺調度失據時之需，即可擺脫資金調度失靈的困擾。

二、 資金分配不當

適當地分配有限資金可提高效益，若分配不當必然產生損失。同時一般私幼的組織簡單，員額有限，財務會計主管皆用自己親人，如果根本缺乏財務知識，所做的資金預算亦是非常危險與不切實際，有可能導致短期資金支用與長期投資管理欠當，造成流動資產的固定化，或缺乏長期發展規劃，盲目擴充硬體設施，步入以債養債的惡性循環。因此幼教機構之財務會計負責者必須確實掌握財務狀況與資金動向，審慎規劃訂定長短期財務計畫與機構發展目標，同時要對資金的需要性質與必要

之籌措方式了然於心，並將機構自有與應收資金、商業週轉資金、短期
信用貸款、中長期低利貸款、機構保留盈餘資本等不同性質的款項用於
能產生最大預期效益之用途（Brigham and Ehrhardt, 2002; Bryce, 1987;
Foster-Jorgensen and Harrington, 1996）。

三、　財務結構不良

若私幼之自有資本不足，融資貸款過多，負債比例偏高，因而利息
負擔沉重，若經營稍有不慎，或是遇到景氣不佳，則有造成財務困難的
危險（Stephens, 1990）。因此幼教機構之財務主管必須在財務管理的觀
念上求新求變，不能只求機構財務過關的消極做法，並應徹底打破財務
管理就是銀行融資的迷失，同時更應該設定以追求內部資金平衡為優先
目的，向外融通僅是聯繫內部資金環節的調度工具（Foster-Jorgensen and
Harrington, 1996）。

四、　財務目標不明

當機構從事財務管理工作時，必須訂立一套管理策略，在適當的作
業流程與詳盡的規劃下，引導機構內部落實管理之工作內容。相反的，
若機構缺乏短期、中期、長期財務計畫，沒有訂出階段性目標，沒有經
營策略，沒有詳實的營運計畫，沒有獲利計畫與獲利方法，或沒有找出
核心能力之所在，皆易使管理目標不明確，資源無法有效整合，導致背
離預期之目標。

貳、幼教機構之財務管理目標

基本上，幼教機構和營利機構財務管理的目標有很大的不同，國內
幼教機構多為不以營利分配為目的之機構，且皆未達上市、上櫃標準，
股票亦未在資本市場上流通。相對而言，雖然操作彈性較高，但無法以
營利機構追求股價極大化作為財務管理的目標。正如同 Brigham 與
Ehrhardt（2002）指出營利機構著重最大邊際效益，講求利益極大化，
使公司價值、業主財富達到最大。而幼教機構的目標應以幼教使命為根

本考量，著重穩定及長期發展（Kagan et al., 2002）。

因此，幼教機構可以利用其他財務比率為主要財務管理目標，例如資本結構比率、償債能力比率分析、經營效能比率、獲利情況比率、或財務槓桿比率，同時以財務報表變數，如各期的營業收入增減、營業費用增減、與資產負債權益比重變化等作為輔助參考工具，由整體的角度切入規劃，亦即由整個機構經營管理的方向研究分析，由短期戰術制定到長期戰略規劃，在管理系統下運用短期策略來支撐長期架構，運用成本最小化、選擇最適化、效益最大化的概念來進行財務分析與策略訂定。同時建立財務危機預警制度，危機意識的建立重於危機發生後的處理，事先做好財務規劃，編制預算及營運計畫，定期檢討資金調度結果、營運利潤預測、利息支付計畫、資金成本結構，並建立有效的內部稽核制度，以避免因財務調度不當、邊際利潤欠佳、缺乏有效內部控制而引發的幼教機構經營危機。

參、幼教機構之財務管理範圍

幼教機構為完成社會服務、善盡教育責任、與達到穩定發展之經營目標，其財務管理應包含報表編製、會計核銷、財務規劃、預算分析、與資金管理等五大部份（Bryce, 1987; Maddox, 1999）。亦即精確、務實、規劃、分析與策略等五大面向，簡述如下：

一、 精確 ── 財務報表編製

第一個「報表編製」的部分，是提供機構在特定時間內的財務狀況與資金流動的趨勢（Brigham and Ehrhardt, 2002）。基本上財務報表包含資產負債表、現金流量表、收入報告及報稅報告。完整的報表編製，可幫助幼教機構從財務報告、財務資料去預測、因應可能發生的未來動向（Eiselen, 1992; Sciarra and Dorsey, 1998）。

二、 務實 ── 會計核銷程序

第二個「會計核銷」的部分，是指出納業務之處理、會計格式之決

定、核銷單據與過程之制定、會計科目與記帳頻率之明確定義，根據責任分明、層層負責、與單據書面格式化的三個基本原則，達到內部管控的目的，以保護機構資產，避免不當使用，同時提高工作效率（Brigham and Ehrhardt, 2002）。

三、　規劃 — 財務結構規劃

第三個「財務規劃」的部分，是依據各個園所之性質與規模，評估推展各項業務所需之資金數量及時程，予以事先審慎周密的規劃，訂定財務規劃之長短期計畫，支援機構之長短期發展目標（Brigham and Ehrhardt, 2002; Sciarra and Dorsey, 1998）。

四、　分析 — 預算分析評估

第四個「預算分析」的部分，是決定如何以最合理的資金成本，選擇最佳的資金來源，籌措必要且充分的預算經費，以支應各種不同程度的業務需求（Brigham and Ehrhardt, 2002）。同時利用現金預算、執行預算、與資本預算的製作，隨時提供預算資訊，幫助建立可執行的決策（Maddox, 1999; Morris and Helburn, 1996）。

五、　策略 — 資金管理策略

第五個「資金管理」的部分，也就是營運資金的分配與調度，一方面要決定流動資金之數額，以支應各種業務活動現金支付的需要，一方面又須考量替多餘現金找尋安全之投資管道以增加幼教機構之利息收益，使資金保有相當彈性，得以應付各種臨時變動，期使將資源作最有效的整合及運用，以達到園所經營資本之最有效利用（Brigham and Ehrhardt, 2002; Brower and Sull, 2001）。

綜合上述，廣義的財務管理包含了會計事項，狹義的財務管理乃是規劃園所必須保有足夠且在必要時有充分的資金，以因應各種不同時段、不同程度的需求，在合理的資金成本下，將資源作最有效的整合與運用。如圖 1.5 所示，幼教機構之財務管理以精確、務實、規劃、分析與策略五大面向出發，衍生財務報表編製、會計核銷程序、財務結構規

劃、預算分析評估、資金管理策略五大領域，相輔相成，缺一不可。因此，財務管理不但是幼稚園園務工作的一部分，且其優劣與經營的成敗絕對是息息相關的。

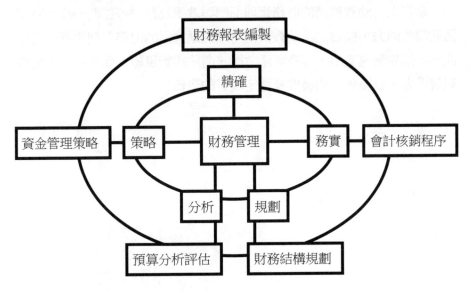

圖 1.5　幼教機構財務管理之核心領域

本章小結

　　資金是幼教機構經營的根本，機構是否能生存及成長，完全取決於其資金的籌措是否適當及資金的運用是否有效。然而，許多幼教機構之經營者的觀念，總以為財務管理的意義不過是如何記帳、跑銀行、及調頭寸罷了，因此並不會積極地了解財務管理規劃，或是建立良好的會計制度，所以根本無法藉由財務資料了解經營上之盲點，以未雨綢繆地研擬適當之經營策略。

　　由於台灣一般幼教機構的資金並不寬裕，常見之財務管理缺失，包括資金運用不當、資金分配不當、財務結構不良、及財務目標不明。一旦遇到景氣衰退造成學生數量萎縮時，多數平時沒有作好財務規劃的機構，都將會面臨資金週轉不靈的問題，嚴重者甚至會因為資金一時的週轉失靈而造成倒閉的遺憾。因此，其財務管理應包含精確、務實、規

劃、分析與策略等五大面向，同時衍生出財務報表編製、會計核銷程序、財務結構規劃、預算分析評估、資金管理策略等五大領域，彼此相輔相成，為幼教機構之資源作最有效的整合與運用。

　　事實上，幼教機構的財務管理部門與教學及行銷等部門一樣具有創造利潤的能力，換言之，幼教機構可以透過適當的財務管理來減少資金成本、節省營運支出、提高資產效能、消除經營風險，進而提昇機構整體競爭力，以達到長期發展及穩定成長的目標。

第二章　精確

第二章　精確

第一節　財務報表編製

　　財務管理的流程與會計學有極大的關聯（Horngren, 1993）。因此，為便於幼教機構負責人了解財務方面的概念，我們將簡單介紹會計程序與複式簿記。此外，倘若對於保留盈餘、業主權益、折舊、歷史成本或重置成本等會計學上的名詞，均有明確的認識，則對財務管理上的許多困惑，便可迎刃而解。本節的討論，以三類基本的財務報表編製為主：損益表、資產負責表、和現金流量表；並兼論三類報表之關係，身為園所負責人有必要深入了解並探討其對財務決策的影響。

　　會計的基本原則包含會計方程式和複式簿記流程，這兩個法則是所有一般公認會計原則的起點（White et al., 2002）。財務管理關切的事項包括資產、負債及股東/業主權益。為了進一步解釋這些觀念，讓我們假想一家由張小姐所擁有並名為小院士的幼稚園。由於一家機構的經濟資源，也就是其所擁有之有價值的東西，包括現金、設備、土地、房屋以及其他有形和無形的東西，就是機構的資產（assets）。因此對小院士幼稚園而言，其資產包括園所教室、教具童書、遊戲設施、制服書包、辦公設備、娃娃車、其他的硬體設施，以及無形資產「商譽」，也就是張小姐創新求變的熱誠服務和教學巧思。另一方面，負債（liabilities）是機構對他人的賒欠。小院士幼稚園的負債包括其向銀行的貸款、對供應商的賒帳，以及其他購置物品的信用交易。如果張小姐將小院士幼稚園所有的資產賣掉並清償所有的負債，其餘額便是她的業主權益（owners' equity）。資產、負債及業主權益之間的關係就是會計中的基礎概念，也就是所謂的會計方程式（accounting equation）：資產＝負債＋業主權益。

　　此外，複式簿記（double-entry bookkeeping）是一種商業交易記載和歸類系統，能夠維持會計方程式的平衡。為了保持會計方程式的平衡，每一筆商業交易都必須記錄在兩個分開的科目之下。以小院士幼稚園為例，假設張小姐為一個教具設計的案子，向博客來逸趣屋以信用買進價值$35,000 元的創意教具，當她記錄這筆交易時，她將記錄對教具供應商$35,000 元的負債，同時，她也將在「設備」科目下記錄價值$35,000 元的教具資產。因為資產和負債分別位於會計方程式等號兩邊，張小姐的總資產及總負債都增加了$35,000 元，卻仍然保持平衡：

　　資產＝負債＋業主權益 → $35,000 元 ＝ $35,000 元

　　所有的商業交易都被歸屬於資產、負債或業主權益。然而，大多數的機構都會進一步將這三大類別細分，以提供關於交易更完整的資訊。舉例來說，資產的細目可能包括現金、存貨、應收帳款、固定資產或其他資產，負債的細目可能包括銀行貸款、供應商應付帳款或其他債務。圖 2.1 顯示張小姐使用複式簿記系統來記錄她開學後第一個月內所有的交易。

	資產			＝　　負債　　＋		業主權益
	現金	設備	存貨	應付帳款	貸款	業主權益
投資現金	$160,000					$160,000
銀行貸款	$60,000				$60,000	
購買辦公設備	-$30,000	$30,000				
購買制服書包	-$20,000		$20,000			
購買創意教具		$35,000		$35,000		
新學童學費	$62,500		-$14,500			$48,000
總計	$232,500	$65,000	$5,500	$35,000	$60,000	$208,000
	$303,000			＝　　　$303,000		

圖 2.1　小院士幼稚園的會計方程式和複式簿記流程

　　這些交易包括了她本學期增資的$160,000 元、她向銀行的融資和購買辦公設備，以及以信用賒帳購買創意教具$35,000 元。在她開學的第

一個月中，張小姐多招收了 25 位新同學，學費收入$62,500 元，但每位新生贈送一套庫存的制服書包，單價$580 元。因此，她減去（會計標記法稱為貸，credit）$14,500 元的存貨，並加上（會計標記法稱為借，debit）$62,500 元的現金。張小姐$62,500 元現金流入和$14,500 元存貨流出的差額，則貸記業主權益，因為這筆金額是屬於小院士幼稚園業主張小姐。

在財務管理的會計系統中，財務資訊通常經過五個持續性地蒐集、記錄與分析的處理步驟，包括檢驗原始憑證、記錄財務交易、轉錄總分類帳、結帳試算調整、以及編製財務報表（Fabozzi and Peterson, 2003）。圖 2.2 顯示小院士幼稚園如何經歷這個程序。傳統上，所有步驟都是由紙筆抄錄來執行，但是在資訊時代的今天，這些會計流程已完全電腦化。

依據美國會計師協會（American Institute of Certified Public Accountants, AICPA）提供之會計流程基本原則與應用，五個處理步驟依序簡述如下，以求更準確地詳實登錄園所之財務現況。

(1)檢驗原始憑證

首先，小院士幼稚園的財務會計人員從檢驗原始憑證，例如：收據、支票、信用卡簽單，以及其他與特定交易相關的證據等，展開其會計循環流程。這些原始憑證接著被分類，並確實登錄於適當的會計科目下。

(2)記錄財務交易

第二步，小院士幼稚園的財務會計人員把每一筆財務交易登入日記帳簿，也就是按照時間順序記載的交易記錄。大多數的機構將所有的交易記錄在同一份日記帳簿上，但有時也會為特殊的交易科目分別設立日記帳簿，依園所規模與需求而定。原則上，日記帳的功用有可以減少記帳的錯誤、可以提供完整的交易內容、可以說明營業的經過、及可以便利資料的查證（Warren et al., 2001），所以園所必須確實執行。

(3)轉錄總分類帳

第三步，小院士幼稚園的財務會計人員接下來將日記簿記載之各項借貸科目及金額，逐筆轉記於分類帳各相當帳戶的適當方位，即每一科

①檢驗原始憑證

小院士幼稚園自動收納統一收據	
8 月 31 日	
幼幼（小企鵝）班九月份學費	$2,500

↓

②記錄財務交易

日記簿	資產
	現金
9 月 1 日王小明幼幼(小企鵝)班 9 月份學費	$2,500

↓

③轉錄總分類帳

日期 2004	交易	借	貸	餘額 借	餘額 貸
9/01	應付帳款	$2,000		$2,000	
01	雜支	$300		$300	
01	王小明學費		$2,500		$2,500

↓

④結帳試算調整

結餘調整表	
對帳單餘額	調整後餘額
$22,650	$22,650

↓

⑤編製財務報表

小院士幼稚園損益表 2004/9/31		
收益：		
營業淨收入		$215,850
基金投資收益		$10,350
收入合計		$226,200
費用：		
成本支出	$12,500	
行銷費用	$25,000	
管理費用支出	$164,250	
其他支出	$1,800	
費用合計		$203,550
淨利		$22,650

圖 2.2　小院士幼稚園的會計流程

目分別記錄的帳簿或電腦檔案，這個過程就是所謂的過帳。過帳的步驟：找出會計科目、辨明借貸、日期轉記、金額轉記、日頁填寫、與類頁填寫（Larson et al., 2001）。故將日記帳之分錄依會計科目為序，設置帳戶予以彙總的帳簿，即稱為分類帳。分類帳有總分類帳與明細分類帳兩種，總分類帳與明細分類帳之間為隸屬關係。分類帳的作用在表現帳戶增減變化情形，以為編表的主要依據，亦即是歸類的帳簿，是編製財務報表的基礎。因此日記帳可說是交易事項發生的最初紀錄，而分類帳則為終結紀錄。分類帳戶借方總金額與貸方總金額的差數稱為餘額（balance）。若借方大於貸方的差額是為借餘（debit balance），又稱借差；反之，貸方大於借方的差額即稱貸餘（credit balance），又稱貸差（Siegel and Shim, 2000）。

⑷結帳試算調整

在會計期間終了時，小院士幼稚園可聘任一位會計師來編製一份試算表，也就是總分類帳上所有科目結算的總表。當然，小院士幼稚園的財務會計人員亦可自行結帳試算，即依據借貸法則將各帳戶之餘額加以彙整並加總，藉其借貸相加數是否相等，來驗證分錄與過帳的過程是否有發生錯誤。會計期間的訂定依編製目的與組織需求可分為一年、一季、或一個月（Stickney and Weil, 2002），在彙總的過程中，如果試算表不平衡，也就是借貸雙方或會計方程式不平衡時，會計師便需找出錯誤，並加以修正。常見試算表的錯誤有科目餘額抄錯、借貸別弄錯、科目遺漏、或總金額加錯。而常用來發現錯誤的方法有下列四種：

（4-1）試算表的借貸兩方重新再加總，若有錯誤不符，算出兩總數之差額。

（4-2）查核日記帳及分類帳所有與差額相同的數字，核對是否有遺漏。

（4-3）差額若是偶數，查核日記帳及分類帳所有與差額半數相同的數字，查核是否重複或過錯方向。

（4-4）若仍不能發現錯誤，再查有無移位、或換位的情形。

當然，試算表亦非萬能，亦有許多錯誤是試算表無法發現的，因為試算平衡只能確定所有交易的借貸均相等，但不能證明帳務處理完全正

確。若有一筆交易全部遺漏入帳、重複入帳、借貸方顛倒、科目記錯、或借貸方同時發生錯誤的時候，試算表的結果是借貸方相符的情形。因此，編製試算表時，亦需對日記帳重複核對，以求完全無誤。在驗證調整分錄、過帳及調整後各帳戶餘額的計算有無錯誤後，若結果都正確相符，會計師或會計人員則可以開始將試算表中的數據編製成需要的財務報表。

⑸編製財務報表

最後，編製財務報表的過程必須遵循一般美國公認會計原則（Generally Accepted Accounting Principles, GAAP）與美國會計師協會之相關規定。當三類基本的財務報表編製完成後，園所的帳簿結清，會計流程便重新開始下一個會計循環。因此，會計流程五個處理步驟中，前三項為平時之工作，後兩項為會計期間終了之工作。

壹、財務報表功能

財務報表呈現過去的經營紀錄，幫助管理者評估機構的營運績效與真實價值，也是檢討過去、擘畫未來藍圖時的決策依據。我們分別從管理者與擁有者對財務報表的需求來了解財務報表的功能。對管理者而言，財務報表有助於了解幼教機構全面的財務狀況。例如，針對機構過去幾年的財務資料加以分析，過去經營目標的設定是否正確？資源的使用與配置是否符合經濟效率？策略目標的執行是否確實達成？在經營環境改變時，機構是否儲備足夠的因應彈性？有了這些紮實的分析結果，不但可以用以描繪過去，也具有指引未來走向的作用。因此財務報表分析對實際經營的管理者而言，不僅是應付會計的要求，更具有提高經營決策效率的重要功能。相對地，對業主而言，財務報表的呈現則重在投資績效與監督資訊兩方面。財務報表形同是經營者的成績單，定期檢視財務報表將有助於了解經營績效。而且從治理的角度來看，不論是所有權與經營權分離的幼教機構，或是家族集團企業，皆須借重財務報表的資訊，以了解幼教機構的運作情形。

貳、財務報表種類

幼教機構常用之主要財務報表有資產負責表、損益表、和現金流量表三種。經營者可利用財務報表調整資源配置與制定策略，管理者可利用財務報表調整強化管理與評估效益。因此，本部分將著重於財務報表的種類與目的之說明，結構與內容將於下一部分再做進一步的介紹。

一、資產負債表（balance sheet）

資產負債表是呈現某一時間點組織機構的資產、負債以及資產配置的概況。一般而言，資產在資產負債表的左邊呈現，表示組織的營運活動與收益，其中對其他資產而言很容易轉換成現金的資產，稱為流動資產，較不易轉換成現金的資產，稱為固定資產。排列順序則是依照流動性的高低排列，將最具流動性的資產記錄於資產負債表的最上方，依序向下排列。有些資產是無形的，比如專利權、商標、與商譽等。除非無形資產的市場價值非常容易被認定及評價，否則基於保守穩健原則，無形資產通常不會認列在資產負債表上（Spurga, 2004）。

在資產負債表的右邊呈現了組織的融資活動與成本，亦即組織經營的資金來源，包含負債以及業主權益。流動負債表示該筆負債須在當期會計年度結束前需償還的義務。而長期負債一般指組織用來融通長期資本預算的資金來源（Spurga, 2004）。而業主權益則是股東投資於機構內部的資金部分包含股本、資本公積及保留盈餘。在任何一個時間點組織的總資產價值應該等於負債與業主權益的總和。

二、損益表（income statement）

若假設資產負債表像組織於一特定時間的快照，則損益表就可比喻為錄影，詳細記錄著組織在過去一年間或固定會計期間的營運結果。損益表的主要目的是在表達某一會計期間各種收入、費用及稅賦的狀況。損益表分成三個部分：收入、費用、與淨利。分別記載組織主要銷售活動的收益及費用，銷售毛利（gross income）即以銷售收入減去銷售成

本；銷售毛利減去管銷費用可得營業利益；營業利益扣除利息費用及稅賦後即為稅後淨利。稅後淨利即是業主可分配的盈餘，不過多數組織通常會保留部分盈餘以因應未來的投資支出（Brigham and Ehrhardt, 2002）。如前述圖 2.2 中之小院士幼稚園九月份之損益表淨利為$22,650元，該部分應列為保留盈餘，以因應未來營運之需。

三、現金流量表（statement of cash flows）

現金流量表說明了某一會計期間，組織機構各種活動的現金流量組成狀況。現金流量包括現金以及能在 90 天內轉換為現金的其他資產。1987 年 11 月，美國財務會計專業界共同認定現金流量表為組織機構除了資產負債表、損益表之外必須編製的第三種財務報表，此項現金流量表係用以替代以往慣用之財務狀況變動表（Lasher, 2004），以突顯現金流量對經營的重要性與不可替代性。

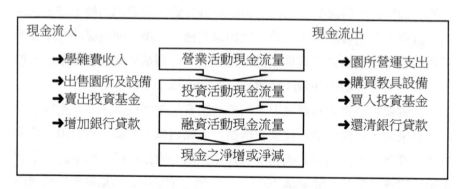

圖 2.3　小院士幼稚園的現金流量計算概念

現金流量表分三部分，分別記錄組織營業、投資和融資活動中所產生的現金流入與流出。第一部分是由營業活動而來的現金流量，是幼教機構正常營業所產生的。其次是投資於新的固定教室設備的現金流量，最後一個部分是來自融資活動的現金流量，像是銀行借貸或私人貸款。

參、財務報表內容

一、資產負債表

　　資產負債表的名稱與會計方程式有關，其資產必須等於負債加上業主權益。因為資產負債表在呈現組織機構從成立至某一特定時間點所有累積的交易情形，因此，資產負債表上的項目並非根據其現值而是依據其原始成本減去其累計的折舊（Emery et al., 1997）。表 2.1 為小院士幼稚園之資產負責表，故以小院士幼稚園為例，簡述帳上的不同科目。

小院士幼稚園 資產負債表 2004/12/24			
資產		負債與業主權益	
流動資產		短期負債	
現金	$80,000	應付帳款	$50,000
應收帳款	$350,000	應付票據	$250,000
存貨	$370,000	長期負債	
固定資產		銀行貸款	$300,000
資產總額	$960,000		
累計折舊	$160,000	股利發放	$400,000
資產淨額	$800,000	保留盈餘	$600,000
總資產	$1,600,000	總負債與業主權益	$1,600,000

表 2.1　小院士幼稚園資產負債表

　(1) 資產（assets）
　　（1-1）現金（cash）
　　　　　　現金之定義為小院士幼稚園手上現有金額加上存放於銀行的存款，包括現鈔、即期支票、匯票、本票、零用金、銀行支票存款、郵局或銀行活期存款等。原則上，園所通常應保留一些錢於銀行帳戶中，用來支付或預防突發

之緊急狀況。較大的幼教機構通常會持有一些近似於現金的流動資產，如有價證券或基金。若機構對資金的需求上升時，此類流動資產通常可輕易變現。因此大型的幼教機構一般會購買部分似於現金的流動資產來預防對現金的需求，且同時還可賺取一筆小額的利息收入。

（1-2） 應收帳款（accounts receivable）

應收帳款代表機構以賒銷之方式交易，即買方尚未支付款項，在正常的情況下，這些交易款項通常會在若干星期內取得現金。幼教機構之應收帳款有時亦包括學童報名費、註冊費、及才藝班收入。大部份的機構均以 30 天為信用交易之期限，但擁有過長天數的應收帳款便不尋常，利潤減少有可能是因為應收帳款無法收現而產生（Brigham and Ehrhardt, 2002），同時機構亦無法將資金做有效的運用。

（1-3） 存貨（inventory）

一般而言，製造業的存貨有三種模式：原料、半成品、及製成品，而零售商的存貨便只有製成品。幼教機構的存貨包括文具用品、教學材料、園服書包等。

（1-4） 固定資產（fixed assets）

通常固定資產使用期限至少為一年，主要項目則可分為：房地產、教室，及設備。而折舊是屬於一種人造的會計帳，它依據該資產的使用年限分攤其取得固定資產的成本，因此，折舊便是了解固定資產會計最基本重要的觀念（Keown et al., 2001）。分類帳將已折舊的費用予以加總，稱為累積折舊。累積折舊被當作是一個資產價值的減項，所以在任何時間點，某一資產之淨價值與其原始成本，及其本身的累積折舊不同。例如，假設小院士幼稚園買進一輛$600,000 元的娃娃車，並決定在其使用期限 5 年內每年提列$120,000 元的折舊，在這段期間裡，資產負債表中每年會提列三種與該資產有關的數字，如

資產的毛價值（gross value）累積折舊（accumulated depreciation）以及淨價值（net value）（Lore and Borodovsky, 2000）。當然最後總折舊費用絕不能超過該資產之成本。

（1-5）總資產（total assets）

以上提及的項目都是在小院士幼稚園資產負債表左方的幾個主要科目，將其相加總後便稱為總資產。其中流動資產亦可被稱為毛營運資金（gross working capital）。

(2) 負債與業主權益（**liabilities and owners' equity**）

（2-1）應付帳款（accounts payable）

負債代表園所對外的欠款。通常利用賒帳的方式取得貨品即是信用交易，而信用交易產生應付帳款。事實上，應付帳款與前述之應收帳款的概念相同，但卻分屬於資產負債的兩邊。當信用銷售發生後，賣方將登錄其應收帳款，而買方則登錄應付帳款（Brigham and Ehrhardt, 2002）。當然，如果買方不履行繳款的義務，則日後的交易，賣方將會要求該買方先付款後才交貨。應付票據與應付帳款類似，只是標的物換成對外應付之支票或本票。

（2-2）長期負債（long-term liabilities）

長短期負債的區別在於是否要求一年內必須支付償還的不同會計科目，因此上述之應付帳款及應付票據皆為流動負債的一部分，而短期融資借款亦應包含於流動負債。反之，非流動負債的部份即為長期負債。幼教機構的長期負債通常是對銀行的長期貸款。組織機構一般都會透過借款融資來擴大投資以提高報酬率，但是因為融資必需支付利息，若不當使用，槓桿效果反而會使機構因此而陷入資金融通的僵局（Comiskey and Mulford, 2000）。

（2-3）保留盈餘（retained earnings）

經營利潤理應屬於股東或業主，而園所可以選擇將利潤

分給業主或保留在機構內。若將盈餘發給業主，則這些資金稱股利發放，而那些保留在機構內的盈餘，則稱為保留盈餘，故保留盈餘為該機構自設立以來的累積盈餘減股利及其他任何調整後的餘額（Comiskey and Mulford, 2000）。因此，若在某個會計年度中，沒有支付任何股利或股息給業主時，期初權益加淨利等於期末權益；但若機構有發放股利給業主，則其關係為期初權益加淨利減股利等於期末權益。

（2-4）總負債與業主權益（total liabilities and owners' equity）

基本上，資產負債表右方之總和包括：短期負債、長期負債及業主權益，為機構所有的資金來源及對外和業主的義務責任，而總負債及業主權益必須等於總資產，亦即資產負債表左右方之總和必須相等。

二、損益表

損益表是現金流入與流出的組合，收入為流入，成本及費用則為流出，其間之差額為利潤。表 2.2 為小院士幼稚園之損益表，故以小院士幼稚園為例，簡述帳上的不同科目。

⑴ 收入（revenue）

營利事業的收入是機構出售貨品或服務，以及其他活動所得的總金額。非營利事業的收入通常來自個人捐獻與私人基金（Bryce and Bryce, 1999）。一般而言，幼教機構的收入包括新生報名費、註冊費、各類課程學費、材料費、點心費、交通費、午餐費、活動費、制服收入、課輔收入、利息收入、政府補助、及各項代收款等。換句話說，收入款係機構正常營運的所得，因此若機構收到的金額是來自於營運外的活動，則金額應登錄於其他收益上，而非收入。

小院士幼稚園 損益表 2004/12/24	
收入	$3,900,000
銷售成本	($3,000,000)
毛利	$900,000
管銷費用	($350,000)
營業利潤	$550,000
利息費用	($50,000)
稅前淨利	$500,000
所得稅	($125,000)
淨利	$375,000

表 2.2 小院士幼稚園損益表

(2) 銷售成本與管理相關費用（cost of goods sold and management related expenses）

銷售成本及費用自收入中扣除，即為稅前盈餘。成本及費用兩者都代表著營業支出，但兩者間仍不是完全相同。銷售成本代表花費，其涵義相當接近於產品製造或銷售性服務所造成的成本支出（Emery et al., 1997）。就幼教機構而言，銷售成本包含園所教職工的薪資、教具與設備的折舊、服務成本，及任何硬體設備之營運成本。因此，幼教機構的成本及費用包括人事費用、辦公費用、教學費用、管理費用、伙食費用、利息費用、折舊提列、職工福利、稅捐、及雜項支出等。

(3) 營業利潤（operating profit）

總收入減銷售成本即為毛利（gross profit margin），而毛利減管理相關費用即為營業利潤又稱為息前稅前盈餘（earnings before interest and taxes, EBIT）。若幼教機構有融資則必須支付利息，便會產生槓桿效果，因此一家以銀行融資的機構在損益表上的表現，將比完全以自有資金融資的機構差，但這筆銀行借款並不會對園所產品銷售、服務成本或營運管理產生影響。所以 EBIT 會計項目就是為了修正此一現象（Helfert, 1996），以用來表示某一機構營運在不同融資方式之前的獲利情況。

(4) 稅前盈餘（earnings before taxes, EBT）

營業利潤或息前稅前盈餘減利息費用即為稅前盈餘，也就是政府在

課稅前的組織生產之市場價值，亦等同政府對該機構課稅的基數。因此，每年必須繳交的所得稅就等於稅前盈餘數額乘上一稅率而得。台灣營利事業所得稅之累進稅率分三級距，以$50,000 元與$100,000 元為分界點，低於$50,000 元免徵營利事業所得稅；介於$50,000 與$100,000 元間課徵 15%營利事業所得稅；高於$100,000 元課徵 25%營利事業所得稅。因此，小院士幼稚園須繳納$125,000 元的營利事業所得稅。

⑸ 淨利（net income）

稅前盈餘扣除所得稅後所計算出來即是淨利。淨利也就是事業體的盈餘，它可以股利的方式支付給業主，或以保留盈餘的方式存在於機構內，以應付未來資金的需求，保留盈餘則是位於前述之資產負債表中的業主權益會計科目項下。

三、現金流量表

就財務管理的角度而言，一組完整的報表包含資產負債表，其為一會計年度終了時點上的一個簡要說明；也包含損益表，其涵蓋一段會計期間營運狀況；亦包含現金流量表，代表這段會計年度期間的現金流量（Fabozzi and Peterson, 2003）。編製現金流量表，需要某段期間內該機構期初和期末的資產負債表，以及同一期間的損益表。因此現金流量表又分為三部分，分別記錄組織營業、投資和融資活動中所產生的現金流入與流出。原則上，現金流量表編製是依循資產增加（減少）等於現金減少（增加），與負債或業主權益增加（減少）等於現金增加（減少）兩項法則。

⑴ 營業活動（operating activities）

記錄組織每日營運所需資金的流入與流出，包括購買日常教學用品與物料、及銷售產品、支付費用與稅捐，以及收回應收款項與票據等等（Hankin et al., 1998）。當然，這些活動的目的是在追求組織機構的營運淨利。

小院士幼稚園 現金流量表		
2004/12/31		
營業活動所產生的現金流量		
淨利		$375,000
營業活動所產生的現金流量之調整		
折舊費用	$50,000	
應收帳款之增加	($30,000)	
存貨之增加	($20,000)	
應付帳款之增加	$35,000	
營業活動所產生之淨現金流量		$410,000
投資活動所產生的現金流量		
教室及設備之增加	($30,000)	
基金投資之增加	($100,000)	
投資活動所產生之淨現金流量		($130,000)
融資活動所產生的現金流量		
銀行貸款之增加	$50,000	
股利發放	($10,000)	
融資活動所產生之淨現金流量		$40,000
現金流量淨增(減)		$320,000

表 2.3　小院士幼稚園現金流量表

⑵ 投資活動（investing activities）

記錄機構買賣固定資產用以營運，或運用閒置資金從事長短期投資，所產生的資金增減。當投資活動涉及金融資產的買入將造成現金減少，反之，將造成現金的增加。

⑶ 融資活動（financing activities）

記錄機構借還款、股票增資或支付股利時，所產生的資金支付或收入，因此，融資活動不止涉及現金增加或減少，亦伴隨資金募集而來的義務履行。

以上三種活動是一週而復始的循環過程，幼教機構可依流程不斷重複，利用現金提供優質教學與保育的服務，再將超值服務延伸至高市場占有率與高投資報酬率，再擴大為高額現金流入的良性循環。在一定水

準的資產下，機構可藉著增加銷售來加快循環的速度，循環的速度愈快，就能有更多的收入，讓每一元資產能賺到的銷售額度增加是很重要的績效管理與衡量指標。

第二節　財務比率分析

　　分析財務報表時應考慮資料可信度、評比標準及對時間點之解釋能力等重要因素，以求最精確的分析結果與應用範疇（White et al., 2002）。如果財務報表不實，財務分析結果自難符合使用者之目的。Comiskey and Mulford（2000）指出一般財務報表分析的方式包括共同比比較法、增減金額與比率比較法、比率分析法等三種。共同比比較法是利用垂直分析（vertical analysis）的概念，以全部總額或各分項總額作為 100%，再求出每一分項內各會計科目對分項總額之比率，或對全部總額之比率，再加以分析研判。例如，短期投資占總資產的 9.5%，營業費用占銷售收入的比率為 20.1%。相對地，增減金額與比率比較法是利用橫向分析（horizontal analysis）的方式，就不同年度之相同項目加以比較，以了解其增減變動情形及其變動趨勢。例如，2004 年銷售成本占銷售收入淨額的 45.92%，比 2003 年的 38.82%高出 7.1%。然而，經營績效與財務狀況之好壞，不能片面就其財務比率加以立即判斷，更需要有客觀的比較標準，例如與產業平均狀況、規模大小類似機構比較，始能達到財務分析之目的。若比較不同行業或不同規模的機構，易誤導使用者之判斷與產生預測之偏頗（Helfert, 1996）。

　　比率分析（ratio analysis）係就財務報表中二個以上具有意義的相關科目來計算比率，並藉以一個相對性的數字分析判斷其隱含的意義（Bernstein and Wild, 1999）。一般探討的財務比率分為下列五大類：資本結構比率分析、償債能力比率分析、經營效能比率分析、獲利情況比率分析、與財務槓桿比率分析。適切的財務比率可以協助組織及早發現問題、預測未來發展、評估營運績效、以及規劃策略藍圖（Axson, 2003；Fabozzi and Peterson, 2003）。

壹、資本結構比率分析

　　在財務分析中，組織機構的資本結構即代表該機構的融資結構，融資的優點除了其資金成本相對於權益資金成本來得低之外，在有稅賦的情形下，舉債將有相對減稅的好處，但是隨著融資比例加大，無法承擔利息費用的機率也會隨之增大。因此，資本結構比率分析關心的重點是在於機構是否過度使用這種風險很高的資金（Allen, 2003）。不論是向銀行或私人貸款，未來需面對償還利息及本金的現金流出，如果組織營運不能提供足夠的現金償還借款就會產生很大的財務問題。

　　負債比率（debt ratio）通常是以長期負債對總資產的比率來衡量，換句話說，即是衡量機構用來融通總資產的資金來源有多少是來自舉債，計算比率方式如下：

$$負債比率 = \frac{短期負債+長期負債}{總資產} = \frac{\$600,000}{\$1,600,000}$$

　　負債比率通常以百分比表達，高的負債比率被視為是債權人的風險。依據表 2.1 小院士幼稚園資產負債表數據計算，小院士幼稚園的負債比率為 37.5%，雖然並不算低，但仍在公認的安全負債 50%之範圍以內。所以，該園的總資產有 37.5%來自負債而 62.5%是來自業主權益。此外，目前利率與通貨膨脹率皆有上升的趨勢，在通貨膨脹的經濟情勢下，幼教機構若能籌得長期負債將較為有利（Sihler et al., 2004），因為可用貶值後之貨幣價值償還未來本利和。

貳、償債能力比率分析

　　償債能力比率分析是比較流動資產與短期負債之間的關係，以進一步得知機構將短期資產轉換為現金來償還債務的速度與能力，比率愈高代表變現與償債能力愈佳。此類之財務比率有流動比率與速動比率。

一、流動比率（current ratio）

　　流動比率是最常被使用的短期償債能力指標，亦即衡量在未來一年內轉為現金之資產相對於需要用現金償還負債的倍數。如果機構有財務困難，則會傾向延遲支付應付帳款，將使此一流動比率快速下降。流動性比率中的分子，流動資產應包含現金、應收帳款、應收票據、以及存貨等部分（Comiskey and Mulford, 2000）。計算方法如下：

$$流動比率 = \frac{流動資產}{流動負債} = \frac{\$800,000}{\$300,000}$$

　　短期資金的流動必須秉持流動資產應超過流動負債，以避免因入不敷出而瀕臨破產，因此對任何組織而言都意味著流動比率必須大於 1。當然為安全起見，通常機構會保持在 1.5 或 2.0 左右。但是比率過高又可能表示組織沒有善用流動資產。小院士幼稚園的流動比率為 2.67，意味著相對每 1 元的流動負債有 2.67 元的流動資產在手，代表具備不錯的償債能力。

　　但是在使用流動比率時應注意一點，流動比率大於 1 的機構並非代表不會有發生財務困難的可能性，尚須考慮其資產的流動性。假如流動資產中，存貨占了絕大部分，而負債絕大部分將在近日到期，則因為存貨在短期內以帳面價值兌換成現金的機會極小，亦可能產生現金不足以支付負債的可能性（Bernstein and Wild, 1999）。所以，為了更準確的衡量機構短期的償債能力，一般會同時考量速動比率指標。

二、速動比率（quick ratio）

　　速動比率比流動比率更具說服力，因為已減去流動資產中最不具流動性的存貨。計算方法如下：

$$速動比率 = \frac{流動資產 - 存貨}{流動負債} = \frac{\$430,000}{\$300,000}$$

　　小院士幼稚園的流動比率為 1.43，意味著相對每 1 元的流動負債，在扣除不易立即變現的存貨後，園所擁有 1.43 元可立即動支的流動資產，故處於流動性與償債能力健全的區間。

參、經營效能比率分析

組織機構的經營效能相當程度上展現於機構對資產配置與營運模式的管理效率。經營效能比率分析可以幫助管理者了解機構最基本的競爭力。而經營效能可由下列幾個指標作分析：

一、總資產週轉率（total asset turnover ratio）

總資產週轉率即為銷售收入相對總資產的比率，表示整個機構資產被運用的效率程度，以衡量每單位資產所創造的市場營運價值。計算方法如下：

$$總資產週轉率 = \frac{銷售收入}{總資產} = \frac{\$3,900,000}{\$1,600,000}$$

一般而言，在固定資產水準之下，產生較多銷售的機構會比較少銷售的機構表現好。相對地，一家機構若相對於同產業中的其他組織有較高的比率，除了表示機構更能發揮產能外，也表示其運作已接近機構產能極限，若沒有再增加資本投入，則很難有更多的產量（Soffer and Soffer, 2002）。小院士幼稚園的總資產週轉率為 2.4 次，代表該園每 1 元的資產可產生 2.4 元的銷售收入，符合穩健指標。

二、應收帳款週轉率（accounts receivable turnover ratio）

正常營運中因賒銷或提供服務所產生而尚未入帳的帳款，即是應收帳款。不能收回的應收帳款稱之為呆帳或壞帳（un-collectable accounts 或 bad debts），無論是信用調查的不確實或是顧客的財務狀況改變導致，不能收回的帳款就是機構的損失，所以其評價是否適當影響財務報表甚鉅。計算方法如下：

$$應收帳款週轉率 = \frac{銷售收入}{應收帳款} = \frac{\$3,900,000}{\$350,000}$$

小院士幼稚園的應收帳款週轉率為 11.1，意味若以應收帳款週轉率計算該園每年回收應收帳款 11.1 次，對幼教機構而言似乎可能次數過

少，壞帳風險相對提高而資產運用效率亦會受到影響。

三、平均收現天數（average collection period, ACP）

平均收現天數是代表機構平均需要花多少天把應收帳款收回，以及衡量顧客付清款項的速度，也可稱為銷售流通天數。計算方法如下：

$$平均收現天數 = \frac{應收帳款}{銷售收入} \times 360 = \frac{\$350,000}{\$3,900,000} \times 360$$

在計算的慣例中，我們都使用一年為 360 天、一個月為 30 天的基礎。明顯地，收現的時間愈長就愈不利。大部份的賒銷期間是 30 天，但也有例外。如果平均收現期間太久了，就表示往來的顧客間發生了信用問題，且這些應收帳款已不太可能變現。而這些收現的問題指出幾個重要訊息：第一、機構可能與那些沒有能力或是沒有意圖要付款的顧客做生意；第二、可能是產品或服務品質有瑕疵，造成消費者不滿意而不願意付款。相對地，較低的比率表示機構催收部門具效率性，但有時這也可能是不當信用緊縮政策的結果（Bernstein and Wild, 1999; Palepu et al., 2003）。因此，對平均收現期間賦予適當的解讀是很重要的。

小院士幼稚園的平均收現天數為 33 天，代表該園每 1 筆的應收帳款可在 33 天內收回，尚屬合理範圍。

四、存貨週轉率（inventory turnover ratio）

存貨週轉率是在衡量機構是否有過多的資金受限於存貨而無法變現，若存貨量過高，會扭曲機構流動資金的運用效能。例如幼教機構的文具用品、教學教材、園服書包、與相關教學用品等皆可計算為存貨。計算方法如下：

$$存貨週轉率 = \frac{銷售成本}{存貨} = \frac{\$3,000,000}{\$370,000}$$

小院士幼稚園的存貨週轉率為 8.1 次，顯示該園每年週轉其存貨 8.1 次。因為存貨週轉率在於衡量機構一年內有幾次會耗盡平均的庫存，愈高的週轉率愈好，隱含著營運存貨不會囤積過久。因此，若機構有高於同產業中其他機構的存貨週轉率，表示機構有效率地管理短期資產。但

過少的存貨水準會導致缺貨，也流失了銷售的機會（Scott et al., 1998）。在過多與過少之間有一個明確的維持水準，存貨周轉率可以幫助找出這個水準值。

肆、獲利情況比率分析

獲利能力是眾多決策的依據，所以可以藉由利潤性比率的計算，分析組織機構在經營管理與資產運用等方面的表現。機構的獲利指標大多是以一機構在某一會計年度所獲得的盈餘除以該年度所運用的資源，也就是說每一元的銷售、資產使用或權益投資會有多少獲利，通常都以百分比表示。

一、淨利潤邊際（net profit margin）

淨利率是以另一角度衡量機構以較高的定價銷售或以較低的成本生產之能力，不過，由下列公式可以發現淨利潤邊際並非是衡量獲利情況的直接指標，因為它所對應的是銷售收入而非投入資本。

$$淨利潤邊際 = \frac{息前稅前盈餘 - 稅}{銷售收入}$$

此公式為計算機構整體獲利能力的基本指標，其可看出管理者對收入、成本及費用控制的能力（Soffer and Soffer, 2002）。計算方法亦可表達如下：

$$淨利潤邊際 = \frac{淨利}{銷售收入} = \frac{\$375,000}{\$3,900,000}$$

因此，小院士幼稚園的利潤邊際為 9.6%，意味著每 100 元的銷售收入，可回收 9.6 元的銷售報酬率。此淨利潤邊際似乎稍低了些許，可能的解釋為資產週轉率較快。因此，該園每一元服務銷售金額所能獲取的盈餘雖稍低，但是若資產週轉次數較高時，最終資產報酬率將會隱含擴大乘數效果。

二、資產報酬率（return on assets, ROA）

評估機構經營表現通常用收益對總資產的比率，收益可以定義為息前稅後的盈餘。同樣的，有些人用淨利而非息前及稅前盈餘減稅，來計算資產報酬率，因為淨利減除利息費用，使得機構獲利性變成資本結構的函數。計算方法如下：

$$資產報酬率 = \frac{淨利}{總資產} = \frac{\$375,000}{\$1,600,000}$$

因此，小院士幼稚園的資產報酬率為 23.4%，意味著每 100 元的園所資產可創造 23.4 元的利潤回收，屬資產週轉次數較高之穩健的收益範圍。如上所述，杜邦分析系統（Du Pont system of analysis）可將資產報酬率分解為兩個因數：一為利潤邊際；一為資產週轉次數。因此機構追求較佳的資產報酬率，可依循兩條途徑：一為追求較高的利潤邊際、一則為增大資產的週轉次數；或者兩者兼求（Palepu et al., 2003）。一般說來，業別不同，其營業情況和財務結構也必不同。以生產業而言，通常其利潤邊際較高，而資產週轉數較低；而服務業則是其利潤邊際較低，應以追求資產週轉數的增大為達成資產報酬率提高的關鍵。

三、權益報酬率（return on equity, ROE）

獲利性的比率中還有業主權益報酬率亦屬同等重要，代表普通股股東或業主可以獲得的投資報酬率。若以幼教機構資金來源的角度分析，此一比率更應受到重視。計算方法如下：

$$權益報酬率 = \frac{淨利}{業主權益} = \frac{\$375,000}{\$1,000,000}$$

因此，小院士幼稚園的業主權益報酬率為 37.5%，意味著每 100 元的業主權益可創造 37.5%的利潤回收，也就是 37.5 元。此外，若機構有很多負債，則權益報酬率在情況好時會高於前述之資產報酬率，在情況壞時則會低於資產報酬率；如果機構只有一點點負債或是完全沒有舉債，則權益報酬率和資產報酬率幾乎相同。由負債比率計算已知該園的總資產有 37.5%來自負債，且權益報酬率高於資產報酬率，故小院士幼稚園之經營情況屬優良。

伍、財務槓桿比率分析

　　槓桿比率代表舉債程度，雖然適度舉債具有擴大投資與降低賦稅的好處，但是隨著舉債程度加大，破產成本也會隨之增大。因此，利用利息保障倍數（times interest earned, TIE）的概念評估財務槓桿效果的影響最為貼切與實用（Scott et al., 1998）。計算方法如下：

$$利息保障倍數＝\frac{息前稅前盈餘}{利息費用}＝\frac{\$550,000}{\$50,000}$$

　　利息保障倍數亦稱涵蓋比率（coverage ratio），計算息前及稅前盈餘對利息費用的比率。因此，小院士幼稚園的利息保障倍數為 11，我們也可以說利息被盈餘涵蓋 11 倍。明顯地，盈餘涵蓋利息的倍數愈大，表示機構支付利息負擔的能力愈強。至於最佳的利息保障倍數，則需視產業別、經濟前景以及破產成本來考量。

小院士幼稚園財務比率分析表　2004/12/31		
	比率	結論
資本結構比率分析－負債比率	37.5%	稍高
償債能力比率分析－流動比率	2.67	優良
速動比率	1.43	穩健
經營效能比率分析－總資產週轉率	2.4 次	穩健
應收帳款週轉率	11.1 次	合理
平均收現天數	33 天	合理
存貨週轉率	8.1 次	穩健
獲利情況比率分析－淨利潤邊際	9.60%	稍低
資產報酬率	23.4%	穩健
權益報酬率	37.5%	穩健
財務槓桿比率分析－利息保障倍數	11 倍	優良

表 2.4　小院士幼稚園財務比率分析表

　　將上述各類財務比率計算結果彙編為表 2.4，計算結果顯示小院士幼稚園之資源運用與經營策略相當穩健。雖然因幼教市場競爭日益激烈導致該園淨利潤邊際稍低而略顯不利，但卻擁有絕佳的資產配置與營運管理效率，使快速的總資產週轉率與存貨週轉率能稍稍彌補利潤邊際之不足。加上小院士幼稚園具有優良的財務結構，使該園能有更大的調整空間與適應能力面對市場的不確定性。

　　當然藉由以上的各種財務指標，我們可以對園所的營運績效了然於心，除了做比較分析外，最重要的還是要將對這些財務數據與機構策略及產業生態作整合，使得財務分析的結果獲得具體經濟解釋。杜邦方程式（Du Pont equations）可將權益報酬率延伸為淨利潤邊際與總資產週轉率的乘項，過程簡述如下：

$$權益報酬率 = \frac{淨利}{業主權益}$$

$$= \frac{淨利}{銷售收入} \times \frac{銷售收入}{總資產} \times \frac{總資產}{業主權益}$$

$$= 淨利潤邊際 \times 總資產週轉率 \times 槓桿比率$$

$$= 資產報酬率 \times 槓桿比率$$

　　由以上關係可知利潤邊際與資產週轉率皆與產業發展息息相關，例如高利潤邊際是來自對前向與後向協力廠商極高的議價能力，或是來自擁有無法模仿的核心技能，若只看財務數字並無法找到經濟上的真正解釋因素，必須再配合產業分析，才能明確地分析、解釋與預測。因此，結合波特的五競爭力（five competitiveness forces）分析可以協助提供較全面性的整合策略。

　　波特的五競爭力分析大致將組織機構所處的產業生態分為五個面向來討論：潛在進入者、供應商、購買者、替代品、及現存競爭者（Porter, 1980, 1985）。

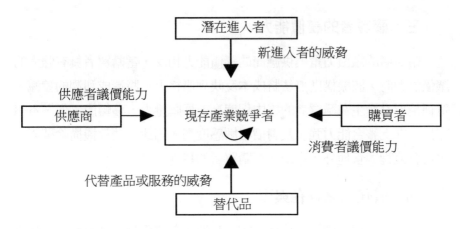

圖 2.4　波特的五力分析圖
▶資料來源：Michael E. Porter (1980), Competitive Strategy, Free Press.

一、潛在進入者的威脅

　　當機構因為法令規定或產業特性產生進入障礙時，此時外部競爭者進入該產業的威脅就降低，於是該組織機構比較可能維持高淨利率。這些障礙包括特殊技術、政府政策、法律保護、規模經濟、專利權、品牌知名度、資金需求、成本優勢、與對手的預期反擊。因此，幼教機構若能發展出競爭對手無法取代的核心價值或著手資本結構強化，無形中提高產業進入障礙，則可摒除新加入者的威脅。

二、供應商的議價能力

　　機構之供應商提供的日常教學用品與材料成本將會直接影響園所銷售成本，因此當供應商具較高的議價能力時，組織無法強制要求其所供應材料的價格與品質時，利潤邊際提高則會有無法突破的瓶頸，對競爭力亦會造成極大的影響。因此，幼教機構應積極發展與協力廠商長期互惠合作關係，並與其共同成長。唯有在機構財務與經營能力許可的情形下，始能考慮採行整併策略，否則貿然整併供應商將會使機構淨利潤邊際的增加，都被資產週轉率的減少所抵銷。

三、購買者的議價能力

購買者的議價力量與供應商的議價能力相反，當購買者具有強大的議價能力時，該機構則無法將成本反映到價格上，將造成利潤的縮減，這種情形常發生在購買者的集中程度高、採購量大、移轉成本低、資訊充足、向上整合能力強、及對價格敏感度高。因此，幼教機構除積極強化財務流程與管理外，亦須注意購買者的特性。

四、替代品之存在與否

替代品的相對價格、移轉成本、及消費者使用替代品的傾向，將決定其威脅的大小。如果該組織所提供的服務，並沒有相似的替代品，則其利潤邊際比較能維持在高比率。若無相似的替代品則表示消費者的需求彈性較低，如果機構面臨物料價格上漲，可以大幅度將成本上漲反應到服務價格，而又不會犧牲太多銷售量。因為當需求彈性小於 1 時，銷售量減少所帶來的營收降低可以完全從價格的上升部分完全彌補回來。因此，幼教機構發展核心能力是拉大與競爭者距離的不二法則。

五、現有競爭者之對抗

現有競爭者愈多且能力或規模愈接近、產業成長率愈低、固定成本愈高、退出障礙愈高、服務標準化程度愈高、轉換成本低、規模經濟愈明顯，則競爭愈趨激烈。當產業內的競爭非常激烈時，機構勢必會降低商品或服務的售價，或提高服務品質，故高利潤邊際的維持將相形困難，並進而會影響業主權益與再投資意願及能力。縱使目前財務狀況良好，亦可能會因機構本身特性或產業生態結構而急轉直下。因此，針對現有競爭者之對抗態勢，競爭者集中與平衡、產業的成長、服務附加價值、產能過剩、及服務資訊複雜度皆應考量。

所以，完整的財務分析應結合產業競爭生態結構分析與財務報表數據，將可使財務報表的分析更具經濟意義與實用價值。詳細之由上而下分析法（top down analysis）將於第五章再做進一步的分析。最後，再次強調比率分析並不一定可以提供我們一個明確的答案，但完整的財務分

析可以幫助我們找出問題之癥結所在，並提出一個可供選擇的解決方案。

本章小結

在競爭日益激烈的幼教經營體系中，財務報表所傳達的意涵，絕不能視而不見。經營者可利用財務報表調整資源配置與制定策略，管理者可利用財務報表調整強化管理與評估效益。因此，園所經營者或管理者都必須具備認識財務報表的種類、目的、結構與內容之知識；擁有剖析隱含在財務報表內的組織危機之技巧；並累積診斷管理與經營癥結所在之能力，進而能評估組織資源配置決策的績效。

本章透過財務比率分析方法的介紹，從資本結構比率分析、償債能力比率分析、經營效能比率分析、獲利情況比率分析、到財務槓桿比率分析，一步一步協助幼教機構之財務會計人員剖析組織財務危機之根源，學習辨認及衡量風險所在，建立一套完整的預警機制，並能進一步了解如何判定組織營運績效、融資成本、成長潛力、與從財務報表作預測與評估。

當然最重要的還是要將這些財務數據與機構策略及產業生態作整合，從潛在進入者、供應商、購買者、替代品、及現存競爭者五個面向來討論，波特的五競爭力分析可以協助提供較全面性的整合策略，並使得財務分析的結果獲得具體經濟解釋。

第三章　務實

第三章　務實

第一節　會計核銷程序

會計（accounting）是一種財務語言，用以針對組織財務資訊做詳細的記錄、衡量及詮釋。美國財務會計準則委員會（Financial Accounting Standards Board, FASB）自 1973 年以來，秉持著引導與教育大眾的宗旨，持續建立民間機構的財務會計和報告標準（Ferrell and Hirt, 2002），使全球所有的組織機構都能用相同會計語言來確保自己資金使用妥善，並規劃未來以達成組織的目標。因此，會計在組織機構運作中所扮演的角色是將所發生的交易行為根據有系統的方法，以貨幣為衡量單位，加以記錄、分類、彙總表達，並將此結果予以分析解釋，提供給管理者，作為審慎的判斷與決策之依循（Kieso et al., 2003）。

會計師代理所得稅事務辦法第八條會計師代理所得稅事務不得有下列情事之第三款規定，明知代理案件內容與稅務法令或關係法令及一般公認會計原則不符而未予更正、調整或指明者。因此，為了使會計處理及財務報表能夠有公認的秩序，會計專業界發展一套衡量及揭露組織交易事項的基礎，此基礎即一組由假設（assumptions），觀念（concepts）、和詳細程序（procedures）整合而成的規則，也就是一般公認會計原則（Generally Accepted Accounting Principles, GAAP）（Larson et al., 2001），而詳細的假設與程序又可分為下列 12 項（Kieso et al., 2003; Smith et al., 1993）：

(1) 組織個體假設：即組織機構的經濟活動為一個與業主分離之經濟個體，故組織機構與業主經濟活動必須分開，不可混淆。

(2) 貨幣穩定價值假設：指用以記帳的通用貨幣，假定其幣值不變或變動不大予以忽略。

⑶ 會計期間假設：為了了解組織機構的經營狀況，將機構化分為等長的期間，便於機構在經營過程中，即時了解機構的經營績效。

⑷ 繼續經營假設：為假設組織機構將永續經營下去，在將來不會解散清算，或可以完成既定的計畫，以完成目標，獲取最大目標。

⑸ 成本原則：即已發生之交易，於交易時收受雙方同意之價值，一旦交易成立紀錄帳表之後即不再變動。

⑹ 收入實現原則：會計上決定何時該認列收益的標準有二：1、已實現或可實現；2、已賺得。

⑺ 配合原則：會計在認列某項收益時，產生與該項收益相關之費用，也應在同一會計期間認列。

⑻ 充分揭露原則：即會計人員將對於機構的財務狀況及營業結果有重大影響者，應列於報表上。表達方式有：1、附註說明；2、補充報表說明；3、括弧說明；4、互相引註。

⑼ 一致性原則：即組織機構所採用的會計原則、方法或程序，一經採用，就不得隨意更改，以確保同一機構在不同年度可以互相比較。

⑽ 重要性原則：某些數字金額如果對機構是重要的，就以成本入帳；反之以費用入帳。

⑾ 穩健原則：指在不確定的情況下，有多個方案，會計人員選取方案時，以不高估資產和不低估負債為前提。

⑿ 行業特性原則：即有些性質特殊的行業可不依據GAAP，而採用特殊的會計處理方法，以適應特殊行業特性。

鄭丁旺（2004）亦指出以上 12 項假設與程序亦可進一步歸類為基本假設、基本原則、與操作性限制，其關係如下圖所示：

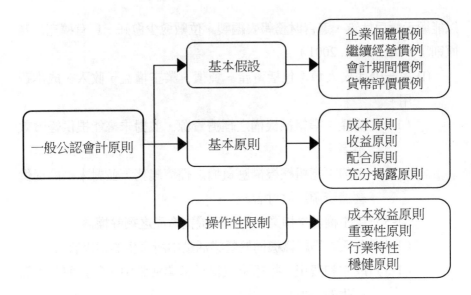

圖 3.1 一般公認會計原則關係圖

　　因此,本章將探討會計的重要角色及如何精準地將幼教機構之財務
資訊確實記錄的相關會計程序。

壹、會計基礎與循環

　　如前所述,為達到有效能的財務管理,有關會計資料與財務報表之
記錄及表達的方法必須有一套共同遵守的確定規則。會計法第二章會計
制度第十七條規定,會計制度之設計,應依會計事務之性質、業務實際
情形及其將來之發展,先將所需要之會計報告決定後,據以訂定應設立
之會計科目、簿籍、報表及應有之會計憑證。

　　一般而言,會計要素及會計科目於財務報表中息息相關,財務狀況
是由資產、負債、業主權益所構成,而營業成果由收入、成本和費用所
決定,此五項為會計處理的基本對象,稱為會計要素(Smith et al.,
1993)。然而會計科目常因組織型態不同而有所差異,幼教機構之會計
科目依其涵蓋範圍,亦可分為大類、中類、小類、子目及明細,分別代
表類別、性質別、科目別、子目別、細目別,且會計科目類別編碼方式

以能顯示帳戶性質、適合財務報表編製、位數愈少愈好、具有擴充性為原則（Warren et al., 2001）。

(1) 第一碼代表大類：包括資產、負債、業主權益、收入、成本費用。

（1-1）資產：指組織機構之經濟資源，並對未來能提供經濟效益者。

（1-2）負債：指組織機構應負擔之經濟義務，並對未來能提供經濟資源以償付者。

（1-3）業主權益：指業主對組織機構資產之剩餘權益。

（1-4）收入：指組織機構於營業活動中所產生的銷售收入。

（1-5）成本和費用：指組織機構於營業活動中，為獲取收入而衍生的各項必須支出。

(2) 第二碼代表中類：如流動資產、流動負債、固定資產等。

(3) 第三碼代表小類：如現金、銀行存款、短期投資、應收款項等。

(4) 第四碼代表子目：如零用金、庫存現金、應收票據、應收利息等。

(5) 第五碼以後代表明細：視實際需要得自行增訂。

當然，若園所有特殊要求可視需要自行擴充或簡併，並自行加以編碼。但無論如何，會計科目與編碼一定要能適應電腦作業，以便於資料的自由重組及列印各種不同目的之報表。

每一會計期間內所有的交易事項，其資料之處理、記錄、及彙整皆循著一定的程序進行，從每期自開始交易的記載至結帳編表而告完成，本期的終結就是下期的開始，週而復始繼續進行，故此全部程序即是會計循環（Siegel and Shim, 2000；馬嘉應、張力，2003）。其中在結帳編表之前，為正確表達機構財務狀況及經營成果，會計人員會將平時的會計紀錄加以分析、整理、修正與調整，使帳目內容能與實際情況完全符合，而調整的工作是依據會計基礎。會計基礎係指交易所產生之事項的入帳認定方法，亦即收入及支出認列之時間點。會計基礎可採用現金基礎、權責基礎、或聯合基礎（Stickney and Weil, 2002）。

(1) 現金基礎

　　以現金的收付作為交易入帳的依據，且將收現之金額列為收入，付現金之金額列為費用。一般而言，採現金基礎者，免作調整。

(2) **權責基礎**

　　凡收入實現及費用發生時，不論收現與否，均予入帳。一般而言，採權責基礎者，期末必作調整，以配合法令之規定。

(3) **聯合基礎**

　　平時依現金基礎記帳，期末採權責基礎調整。

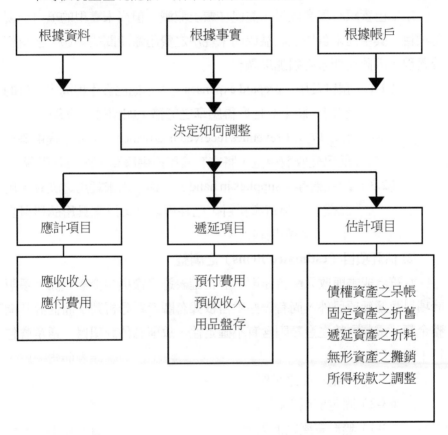

圖 3.2　會計基礎調整流程圖

　　如上圖所列，若園所採權責基礎與聯合基礎為會計基礎，會計期間終了時須調整項目有（Larson et al., 2001; Stickney and Weil, 2002）：

　　(1) **應計項目（accrued items）之調整**

本期已實現的收入及已發生的費用，因無現金收付而尚未入帳的項目，統稱應計項目。

(1-1) 應收收入（accrued revenues）：本期末已實現的收入，因尚未收到現金而未入帳，如應收利息。

(1-2) 應付費用（accrued expenses）：本期末已發生的費用，因尚未支付現金而未入帳，如應付薪資。

⑵ 遞延項目（**deferred items**）之調整

本期已實際有現金收付，並已在帳上記載，但尚未實現的項目稱遞延項目。其中尚未實現之收益或尚未耗用之費用隨時間的經過，已有部分實現，因此在期末必須加以調整。

(2-1) 預付費用（prepaid expenses）：本期已發生但尚未支付的費用，將來有權取得應享之勞務，如預付保險費。

(2-2) 預收收入（revenues received in advance）：尚未提供勞務前已先收取現金，將來有義務提供服務，如預收學費。

(2-3) 用品盤存（supplies in hand）：期末尚未耗用之文具，用品盤存是屬資產科目，已耗用之文具以文具用品科目表示，是屬費用科目。

⑶ 估計項目（**estimated items**）之調整

為符合成本與收入配合原則，並正確表達組織損益金額，除上項應計項目及遞延項目外，尚有一些項目根據有關資料分析判斷而估計其調整金額，這些調整之金額因含有不確定性，故稱為估計項目。通常會包括下列項目：

(3-1) 債權資產之呆帳。

(3-2) 固定資產之折舊。

(3-3) 無形資產之攤銷。

(3-4) 所得稅款之調整。

貳、支出憑證與核銷

經費核銷應本著誠信原則提出，因此申請人對所提出之支出憑證的

支付事實真實性負完全責任，如有不實之情形發生時，申請人應負法律與相關責任。出納會計單位所要求之支出憑證，乃定義為證明支付事實所取得之收據，統一發票或相關證明（智囊團，1997）。因支出憑證證明之規則原由審計部訂定，但支出憑證屬會計制度中會計憑證之一環，故幼教機構可依據會計法第十七條訂定支出憑證處理要點，以落實精準之憑證認證與核銷流程，為園所確實做到節流的成本管控。

一般而言，會計年度或期間終了時，一般項目的經費支出，除已申辦預算保留的案件外，應將支出憑證向會計與出納單位提出辦理核銷並支付款項完畢。此時，支出憑證之收據與統一發票需確實記明相關資訊，始能通過會計單位的認可，事項如下：

一、收據

收據應記明受領年月日；受領人之姓名或名稱、地址暨國民身分證或營利事業統一編號；受領事由；實收數額；及支付機關名稱。

二、統一發票

統一發票應記明營業人名稱、地址及其營利事業統一編號；採購名稱及數量；單價及總價；開立統一發票日期；及買受機關名稱與地址（抬頭應註明：小院士幼稚園）等事項。二聯式與三聯式統一發票內容範例詳見表 3.1 與表 3.2。

三、免用統一發票之收據

即小規模營利事業之收據應記明商店免用統一發票編號、地址及加蓋負責人私章；貨物名稱及數量；單價及總價；買受機關名稱與地址（抬頭應註明：小院士幼稚園）；收據右上方應書寫廠商之統一編號，而非園所之統一編號。

倘若園所同仁遇應載明之事項卻記載不明時，會計單位應通知其立即補正。不能補正者，應要求經手人詳細註明，並簽名證明其支付事實之真實性，以示負責。此外，收銀機或計算機開立之統一發票，僅列日期、貨名代號、數量、金額的情形時，應由經手人加註貨品名稱，同時

並簽名。有時候亦有可能會遇到園所同仁之支出憑證不慎遺失或已供其他用途使用時，應檢附原立據人簽名證明其為與正本相符之影印本，或其他可以證明之文件，並應詳細註明無法提出正本之原因。

　　對於園所購置財物及營繕工程之支出憑證，應檢附由驗收、點收、或保管人員分別簽名或蓋章之驗收證明及發票、請購單或請修單、估價單、議比價單、合約書副本等相關文件。此外，支出憑證列有他國貨幣數額者，應檢附兌換水單或檢附匯率表註明折合率辦理報支。原則上，完整支出憑證皆須完整黏貼於粘貼憑證之上，經核可後完成核銷程序。

MM 12345678 統一發票（二聯式）

九十三年九、十月份

中華民國九十三年十月二十日

買受人：小院士幼稚園

地　址：台北市信義區信義路○段○號

	品名	數量	單價	金額	備註
第二聯：收執聯	彩色筆	15	100.00	1,500.00	
					營業人蓋用統一發票專用章
	總　計			1,500.00	
	應稅　∨　零稅率　　免稅				此欄須加蓋統一發票專用章
	總計新台幣零萬壹仟伍佰零拾零元整				

備　註：1. 買受人：小院士幼稚園
　　　　　2. 地　址：台北市信義區信義路○段○號
　　　　　3. 須載明購買日期。
　　　　　4. 發票內容之品名、規格、數量、單價等應詳細。
　　　　　5. 大型批發商場之發票，應加附其銷售明細表。
　　　　　6. 若有外文名詞，須加譯註為中文。

表 3.1　小院士幼稚園二聯式統一發票範例

MO 87654321 統一發票（三聯式）
九十三年九、十月份
中華民國九十三年十月二十日

買受人：小院士幼稚園
地　址：台北市信義區信義路○段○號

	品名	數量	單價	金額	備註
第三聯：收執聯	彩色筆	15	100.00	1,500.00	
					營業人蓋用統一發票專用章
	銷　售　額　總　計			1,500.00	
	營業稅	應稅 ∨	零稅率	免稅	此欄須加蓋統 一發票專用章
	總　　　計			1,500.00	
	總計新台幣零萬壹仟伍佰零拾零元整				

備　註：　1. 請盡量取得二聯式發票。
　　　　　2. 三聯式發票稅額應與銷售額合計開立，並須檢附第二、三聯（抵扣聯、
　　　　　　 收執聯）。
　　　　　3. 買受人：小院士幼稚園
　　　　　4. 園所扣繳統一編號：55665566
　　　　　5. 學校地址：台北市信義區信義路○段○號
　　　　　6. 須載明購買日期。
　　　　　7. 發票內容之品名、規格、數量、單價等應詳細。
　　　　　8. 大型批發商場之發票，應加附其銷售明細表。
　　　　　9. 若有外文名詞，須加譯註為中文。

表 3.2　小院士幼稚園三聯式統一發票範例

　　而各項款項之支付憑證，應由事項之主管人及經手人簽名或蓋章
後，送主辦會計人員或其授權代簽人認可後簽名或蓋章，再送園長或其
授權代簽人簽名或蓋章後核發。園所支付編製內教職員工薪資加給，應
按給付類別編製印領清冊，需分別填明受領人之職稱、等級、姓名、應

領金額等，由受領人或代理人簽名；若由金融機構代領存入各該教職員工存款帳戶時，應由金融機構簽收。若對象非編製內之教職員工，園所應編製印領臨時工資表或收據，應書明受雇人之姓名、戶籍地址、國民身分證統一編號及實際工作起訖日數。印領清冊應於最後結記總數，並由出納、人事、會計人員及園長或其授權代簽人於彙總頁分別簽名或蓋章，詳細內容將於下一節再說明。圖 3.3 簡介幼教機構核銷簽核過程。

<u>小院士幼稚園粘貼憑證用紙</u>

憑證編號	預算科目	金額							用途說明
		萬	仟	佰	拾	元	角	分	

園長	會計主任	業務主管	保管人	經手人	傳票簽章

憑　證　黏　貼　線

支出明細

編號	品名	規格	數量	單價	總額	用途

表 3.3　小院士幼稚園粘貼憑證用紙範例

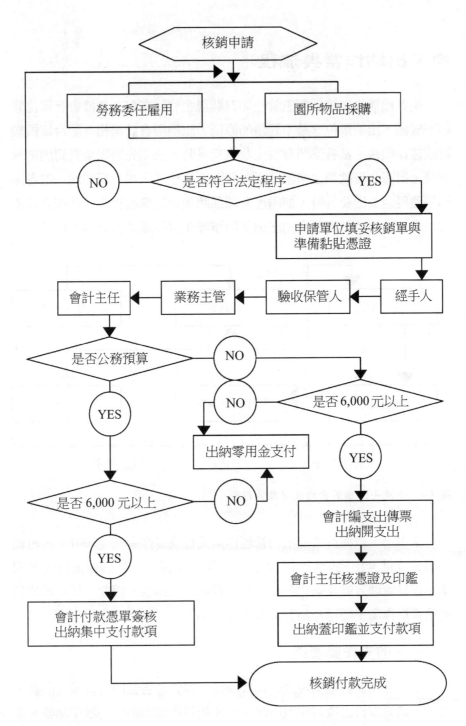

圖 3.3　小院士幼稚園核銷流程圖

參、出納作業與流程

　　組織機構的出納部門主管一切有關現金收付業務，依據會計單位管帳不管錢，出納單位管錢不管帳的原則，出納與會計需相互配合使機構財政運作順暢。當各部門有現金收入交易時，必須先將現金交到出納受理後，再將收妥款項之傳票分送各有關部門整理入帳。相同地，當各部門辦理現金支出交易時，則須經有關部門規定之處理程序，並經有關主管核章後，再將其傳票交由出納部門辦理支付手續（智囊團，1997）。

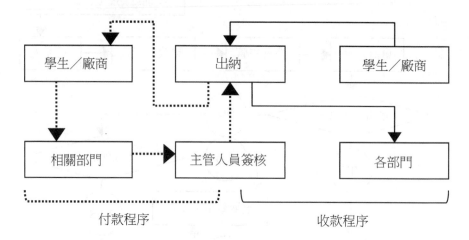

圖 3.4　小院士幼稚園出納收付款流程圖

　　基本上，依據行政院出納管理作業流程及工作手冊（2001），組織機構建立健全出納管理制度與公開透明作業程序，對確保流程快速安全、提昇管理效能及強化服務品質，有極大的助益。因此，幼教機構的出納管理作業主要可分為五大項，分別為：

一、收支作業管理

　　出納部門負責機構現金與票據流通之經管。各部門於營業時間結束後，應結算當日之收付總數與庫存現金相符後向出納部門辦理結帳，並繳還現金及票據。應園所業務需要，出納部門亦須直接針對學生或廠商

收付現金與及票據，包括

(1) 收款：例如，工本費、租借費、圖書費等。

（1-1）收款程序為出納員核點現金及票據無誤後，在收入傳票蓋收付款章、私章，並將存根聯交付款人收執。

（1-2）出納管理單位收納各種收入，應一律使用收納款項收據，並設置收納款項收據紀錄卡，及時通知會計單位編製會計憑證入帳。

小院士幼稚園

93 學年度第 1 學期自行收納款項統一收據

民國 93 年 10 月 1 日　　　　　　　第 93010008 號

繳款人	收入科目及代號	金額	減免類別	備註
王小明	10 月份學雜費	$3,500	A	

合計新臺幣　零　萬　參　仟　伍　佰　零　拾　零　元整

機關長官		主辦會計		主辦出納		經手人	

自行收納款項統一收據說明：

1. 本收據各機關應按收入科目分類順號使用，不得重號及跳號。
2. 自行收納款項應按收入科目別彙總分別填繳款書辦理之。
3. 本收據共分三聯，用雙面複寫紙一次填用。第一聯收據交繳款人收執。第二聯報核送會計單位列帳。第三聯存根單位存查。

表 3.4　小院士幼稚園自行收納款項統一收據

(2) 付款：例如，支票領取、零用金借支、差旅費領取等。

（1-1）現金管理：現金是最具流通性的資產，舉凡組織可以自由運用者，均可視為現金，如銀行存款、即期支票、銀

行匯票、郵政匯票等（馬嘉應、張力，2003）。因此對
於經手之出納管理人員首重品德操守，同時良好的內部
控制也必須落實，以樹立良好形象。而幼托機構的現金
管理應運用分工原則包括：會計出納標準作業程序、相
關人員明確規定職責、會計出納工作絕對分開、及每天
現金全部存入銀行。而現金收支應詳實記錄，每日結算
現金出納備查簿，表3.5呈現小院士幼稚園之現金出納備
查簿使用與注意事項。當然，目前金融機構服務週到，
除零星支出外，建議一律使用支票支付，方便帳務管理
查核。

（1-2）　零用金管理：幼托機構採行現金管理措施後，但零星支
出使用支票支付不方便也不經濟，故必須保持零用金以
便利小額支出。零用金支付範疇包括零星購置、加班費、
差旅費、短程車資，及其他臨時交辦事項等支出之費用
（智囊團，1997）。申請人應依支出憑證證明規則及有
關規定檢附相關文件送出納管理單位，出納管理單位應
即審核後，以零用金支付。零用金通常採行預付制，設
置零用金時先領取一筆金額交由出納保管，俟零用金不
足時再予補充。所以，零用金支付申請人後，管理零用
金之出納管理人員應將詳細資料隨時逐筆登入零用金備
查簿，連同支出憑證，送會計單位審核，依規定程序撥
還。表3.6呈現小院士幼稚園之零用金備查簿使用與注意
事項。

　　所以出納部門之收支管理應兼顧的事項包括：支票號碼的保持維
護、支票列印與支票清冊製作、現金收支與現金清冊製作、轉帳作業與
轉帳清冊製作、借支作業與借支清冊製作、零用金管理與零用金備查清
冊及結存表製作、收支外來紀錄彙整、銀行帳戶異動處理、資金調度模
擬、銀行存款結餘表管理、四欄式差額解釋表、與各項明細及統計報表
列印。

小院士幼稚園
現金出納備查簿

| 93 年 | | 傳票 | | 摘要 | 現 | 金 | | 銀 行 存 款 | | |
月	日	種類	號數		收入	支出	餘額	收入	支出	餘額
10	20	收	1	影印卡 1 張	100	-	5,640	-	100		765,432

現金出納備查簿說明：
1.出納人員應根據收支傳票，依發生次序先後登記。
2.實收支月日、傳票種類、摘要、現金欄需詳實填寫，並計算銀行存款之收支及餘額。
3.此簿應依各該專欄別每日結算一次，並在摘要欄內書明「本日合計」字樣，第二日並應將上日之餘額，記入收入欄內，在摘要欄書「上日餘額」字樣。

表 3.5　小院士幼稚園現金出納備查簿

小院士幼稚園
零用金備查簿　　　　　　　　　　　　民國 93 年

| 月 | 日 | 科目 | 摘要 | 受款人 | | | 經手人 | 原始憑證 | | 金額 | | |
				姓名	商號	地址		種類	號數	收入	支出	餘額
10	22	旅費	車資	王君				B1	1		180	-3,956 -

零用金備查簿說明：
1.零用金出納管理人員應根據原始憑證對零用金收支製作完整之詳細記錄。
2.收支發生日期、摘要欄之支出事項、受款人姓名、經手人、原始憑證資料、收入或支出，分別登入各該欄，並隨時結計餘額。
3.零用金出納管理人員應於適當數額時辦理結報，列具「零用金支出清單」，經單位主管核章後，連同支出單據送洽會計單位審核發還零用金。

表 3.6　小院士幼稚園零用金備查簿

二、教保費作業管理

　　一般而言，幼教機構最大宗的收入是教保費收入。較大型的機構可與金融機構合作，統一印製繳款單條碼，家長於開學前可將所需繳納費

用一次繳入園所之銀行帳戶，費用可能包含報名費、註冊費、教保費、
點心費、午餐費、交通費、雜費、及代收款。金融機構根據繳費單上面
條碼進行銷帳，並將銷帳完成之資料送至幼教機構，出納管理人員再利
用資料進行核對，並印製繳費清冊。

小院士幼稚園銀行繳款單

支出科目名稱及代號		金額（小寫）	收入機關名稱及代號	對帳機關名稱及代號
4112 教保費		$23,050	小院士 (1317)	
金額（大寫）	新台幣	佰　拾　萬　仟　佰　拾　元　角　分整		
備　　註		填發機關		收款銀行
繳款人：王小明 項所屬年月： 收據號碼：C321546		填發日期：93 年 8 月 1 日		台灣銀行印鑑
認證欄				

主管　　　　　會計　　　　　營業　　　　　記帳　　　　　經辦

BOM　321546977158300165411　AB

表 3.7　小院士幼稚園銀行繳款單

當然並非每所幼教機構都會與金融機構合作，亦可依繳款通知單自
行辦理收款業務，並開立自行收納款項統一收據，其第一聯交由繳款人
收執，並於當日依規定將各款項結清存入園所之銀行帳戶，其過程同前
述之收款流程。然而，自行收款將有可能會收到偽鈔，故出納人員應注
意鈔票上是否具有經台灣銀行公告之鈔票防偽特徵，亦特別注意鈔票紙
質、印刷、圖樣、色澤、與票面印鑑大小有無差異。依規定如發現偽造

或變造時，應即依法究辦，如未查究，其損失應由經收人員賠償。

三、薪資作業管理

　　薪資作業管理是確實化及流程化發放薪資的一種行政作業，其主要目的是維持工作績效，進而發揮人力資源的最大效益。當然薪資名目種類繁多，有直接的金錢給付，亦有間接的金錢給付如各項福利措施，例如：底薪、津貼、獎金、團體醫療保險、儲蓄理財計畫、與帶薪休假等。出納管理人員必須確實分辨，應盡量避免出錯，以免造成無謂的摩擦。

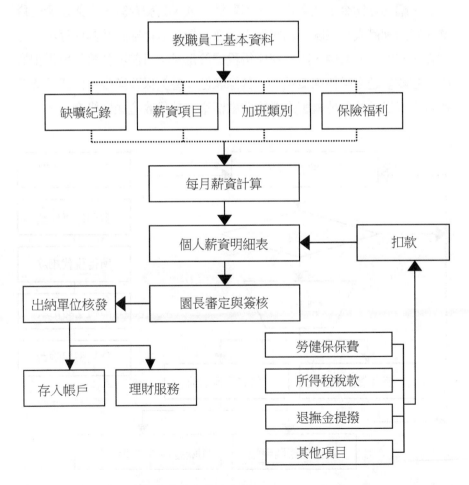

圖 3.5　小院士幼稚園薪資發放作業流程圖

　　所以出納部門之薪資作業管理應兼顧的事項包括：全園所之年度薪資整合與每月薪資名冊、資料、與清冊之製作；每月薪資發放作業、薪資所得扣繳憑單卡、教職員資料名冊、鐘點費資清冊、與扣款清冊之彙整，最後將其薪資扣餘款項逐撥入教職員工個人帳戶，並將個人之薪資明細表送出。

四、費用扣繳作業管理

　　必須依據有關會計憑證或其他合法通知，才可辦理幼教機構之教職員工薪津費款扣繳，現行扣繳項目包括：所得稅、健（眷）保費、公勞保費、福利互助金、住宅貸款、消費性貸款、公教存款、小額及急難貸款、互助團體人壽保險、約聘僱人員離職儲金自提部分及其他等項（徐仁輝，2002）。其中，除薪資所得稅需於每月十日前填製薪資所得扣繳稅款繳款書赴金融機構繳納外，其餘像健（眷）保費與公勞保費等皆於每月十五日前持單位編製之繳納費款清單，赴代收金融機構繳納。

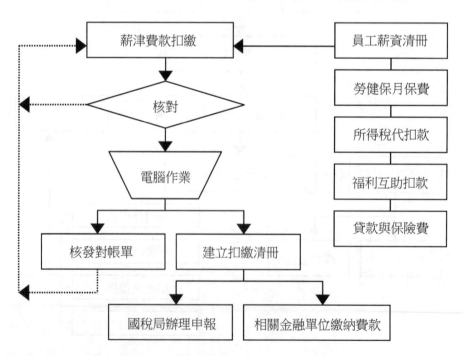

圖 3.6　小院士幼稚園費款扣繳作業流程圖

五、帳務作業管理

帳務作業管理是一項全面性、整合性的管理流程，包含傳票作業管理、薪資扣繳管理、現金及零用金管理、收款及收據管理、與付款及支票管理。依法令規定收支款項皆須以傳票通知會計與相關單位，並編製日報表與月報表。

(1) 傳票作業管理

商業會計法規定，非根據真實事項不得造具任何會計憑證，並不得在帳簿表冊上作任何記錄。為保證交易的真實性，每筆交易均必須備有足以證明該交易確實發生的書面憑證（馮貞德，2004）。因此傳票有入帳憑據與配合內部控制兩大主要功能。主要用以傳示交易詳情的記帳憑證，並傳示有關經辦人員作為收付、記帳、及審核的書面憑證。有以會計科目為單位的單式傳票及以交易為單位的複式傳票兩種（Stickney and Weil, 2002；汪亞平，2000）。目前會計出納作業已電腦化，傳票的考量是以提高效率及降低成本為主要考量，此外還得考量其便利性。因此除了科目編製的便利性外，必須增強其輸入、輸出、及查詢等功能，使作業流程能達到完整零誤差的結果。Horngren、Sundem 與 Elliot（2002）指出依組織需求與流程，傳票的編製可分為：

（1-1）複式傳票：每筆交易只需一張傳票記載，雖可呈現交易的完整流程，但不便於分類整理。一般分為現金收入傳票、現金支出傳票、轉帳傳票三種。

（1-2）單式傳票：每一個科目編製一張傳票，便於各科目的整理，但無法呈現完整交易。分為現金收入傳票、現金支出傳票、轉帳收入傳票、轉帳支出傳票四種。

①現金收入傳票：記載現金收入的會計事項。

②現金支出傳票：記載現金支出的會計事項。

③現金轉帳傳票：當借貸兩方現金相抵無實際現金支出。

④分錄轉帳傳票：記錄非現金科目的會計事實。

一般而言，收入傳票右邊為紅色邊條，支出傳票為藍

色邊條，轉帳傳票為綠色邊條。

（1-3）總傳票：採單式傳票之機構，為預防傳票的遺漏而另使用總傳票，並可代替日記簿。每日營業終了時，彙總當日每一科目的傳票張數及借貸總額，編製總傳票。

(2)報表作業管理

（2-1）每日報表工作：出納部門每日執行各類款項收支及登帳現金備查簿之事務，故需將每日執行關係現金收支之傳票及憑證彙整編製現金結存日報表，將現金結存日報表連同傳票憑證交會計室保管。

（2-2）每月報表工作：出納部門每月需執行稅款與費款代扣款之核付以及製作薪資清冊。同時亦須將會計月結帳後各帳戶當月收、支、餘額各金額與銀行對帳單紀錄作差異解釋。

小院士幼稚園日報表

報表編號：931002A0325　　　　　　　　　　　　　民國 93 年 10 月 2 日

	教保費		零用金		應收票據		應付帳款	
上期結餘								
本期收入								
本期支出								
本期結餘								

小院士幼稚園月報表

類別　　　　　　　　　　　　民國 93 年 9 月 30 日第 654 號第 2 頁共 10 頁

收據		帳號	戶名	品名	單位	數量	面值金額							保管處	備考
字	號						萬	千	百	十	元	角	分		

園長　　　　　會計　　　　　主管　　　　　出納保管　　　　　記帳員

表 3.8　小院士幼稚園日報表與月報表範例

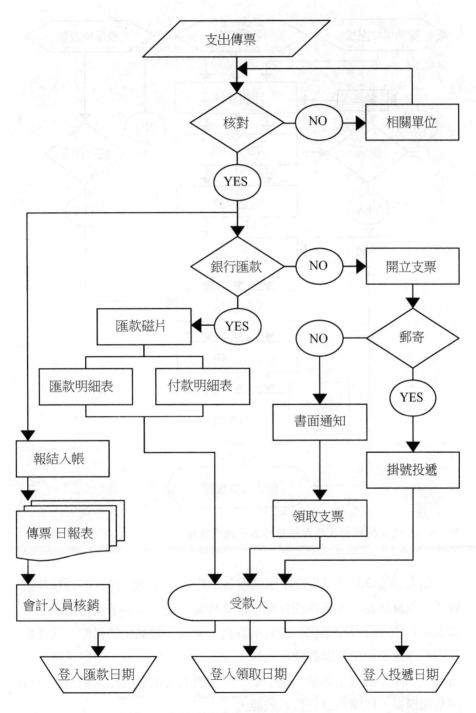

圖 3.7 小院士幼稚園付款與帳務作業管理流程圖

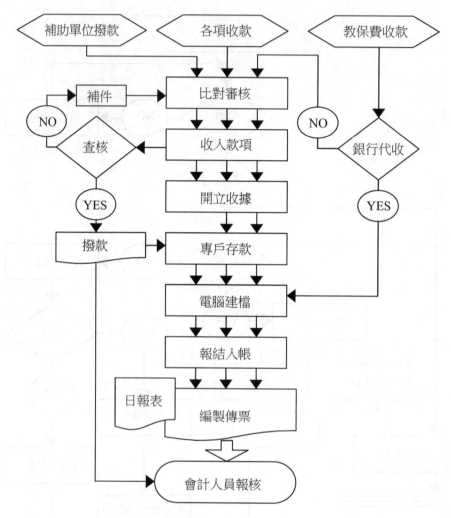

圖 3.8　小院士幼稚園收款與帳務作業管理流程圖

　　如上二圖 3.7 與 3.8 依序所呈現為小院士幼稚園之付款與帳務作業
管理流程圖以及收款與帳務作業管理流程圖，主要是本著流程透明化、
報表公開化、行政標準化、績效落實化、與成本效益化的目標。期望會
計出納作業能使機構財政運作順暢，全力提昇教學品質，並追求園所永
續成長。而其流程並非是一成不變，幼教機構可依園所規模與需求自行
調整或擴編，以達到最佳行政效能。

第二節 帳務處理程序

壹、會計科目建立

依據商業會計法第 10 條規定，會計基礎分權責發生制與現金收付制。若會計基礎採用權責發生制，在平時採用現金收付制者，俟決算時，應照權責發生制予以調整（姚秋旺，2001；陳玉梅，1999）。現就兩者異同簡述如下：

(1) **權責發生制**

凡交易發生時，不論是否收付現金，均應列帳，而其收入與成本費用亦於交易發生期（而非現金收付期）認列。換言之，凡當期已發生之收入與成本費用，不論是否已收付現金，均認為是當期之收入費用。

(2) **現金收付實現制**

交易事項在收付現金時，才認定交易已發生而入帳，其收入及費用亦歸屬於收付現金之會計期間。

一般而言，幼教機構平常之會計帳務處理，除應收與預付事項及購置資產，兼有使用應付帳款或應付票據等科目入帳外，故對於經常性及零星開支均採用現金收付制，年度結束時按權責基礎調整入帳。

所以，幼教機構之會計科目的設立與一般商業分類不同，主要分資產、負債、業主權益、收入、及成本費用等五大類。分類原則與編碼方式如本章第一節所述，故此處不再贅述。現將就幼教機構五大類之會計科目簡述如下：

（一）資產類會計科目名稱、編號及定義列示如下：

1000 資產

  1100 流動資產

  1110 現金

    凡屬法定通貨，可自由運用之硬幣、紙幣、匯票及即期本票、

支票等皆屬之。

1111　零用金

凡屬出納人員小額付款、周轉金等。

1112　庫存現金

1120　銀行存款

凡存於金融機構中可自由提取、使用之存款皆屬之。如支票存款、活期存款、通知存款、活期儲蓄存款、定期存款、定期儲蓄存款、郵局存款及可轉讓定期存單等。

1121　支票存款

112101 支票存款：台北銀行世貿分行 5801-66

112102 支票存款：台灣銀行信義分行 11838-1

1122　活期存款

112201 活期存款：台北銀行永吉分行 3681-7

112202 活期存款：台灣銀行松山分行 16156-5

112203 郵儲專戶：台北信義郵局（台北 128 支）01079616

1123　定期存款

112301 定期存款：台灣銀行信義分行（退休基金）

112302 定期存款：台灣銀行松山分行

1130　短期投資

凡一年期內之各項投資皆屬之。

1140　應收款項

凡所有對貨幣、財物及勞務之請求權皆屬之，如應收票據、應收利息及應收學雜費與月費等。

1141　應收票據

凡應收之支票、本票等皆屬之。

1142　應收利息

凡期末定期存款及基金存款應收取之利息屬之。

1150　用品盤存

凡文具用品、材料、園服等庫存量皆屬之。

1160　預付款項

凡預付之款項，其效益未超過一年以上者皆屬之，如短期預付費用、預付訂金等。

1161 預付費用

凡科目未確定預先墊付之款皆屬之。

1200 長期投資及基金

1210 作業基金

凡經主管教育行政機關核准，專案撥充為增進教學研究之場所循環運用之基金皆屬之。

1230 特種基金

凡因契約、法令、外界捐贈或園所經一定程序撥充，以供特定目的使用並專戶存儲之基金皆屬之，如退休基金、擴建校舍基金、園務發展基金、外界捐贈獎學金及其他指定用途基金等。本科目貸方對應科目為「指定用途權益基金」。

1300 固定資產

1310 土地

凡園所持有土地所有權，供園務使用之用地皆屬之。

1320 土地改良物

凡改良土地使用狀態的各項支出，其效益超過一年者皆屬之，如停車場、運動場、圍牆、道路之舖設、整體庭園之栽植等。

1330 建築物

凡供園所使用之房舍及附著於房舍之固定設備皆屬之。

1340 教學儀器及設備

凡所有教學儀器及教學設備皆屬之。

1341 備抵折舊

凡各項設備每年提列折舊皆屬之。

1350 圖書及資料

凡供典藏用之圖書及非書資料等皆屬之。

135101 圖書及資料：圖書

135102 圖書及資料：資料

1360 其他設備

凡所有交通、事務、防護及不屬於上列各固定資產科目之設備皆屬之。

1370　租賃資產

1400　其他資產

1410　遞延費用

1411　開辦費

　　　園所尚未正式成立前之費用列為開辦費。

1420　存出保證金

　　　凡存出之保證金屬之。

（二）負債類會計科目名稱、編號及定義

2000　負債

2100　流動負債

2110　短期銀行借款

　　　凡向金融機構借入之款項，其還款期限在一年以內者皆屬之。

2120　應付款項

　　　凡在一年內到期之應付票據、各種應付款及短期存入保證金皆屬之。

2121　應付票據

2122　應付利息

2123　分期付款

　　　凡各項房舍設備分期付期皆屬之。

2130　預收款項

　　　凡預收之款項皆屬之，如預收學費等各項收入等。

2140　代收款項

　　　凡為其他公私機構或私人代收之各種款項皆屬之。包括代扣稅捐、代收僑生公費、代收代辦費及代轉外界捐贈學生之獎助學金等皆屬之。本科目細分為：

2141　代收各項專款

2142　代收稅款

2149　代收其他

　　214991 代收其他-公保

　　214992 代收其他-勞保

　　214993 代收其他-健保

　　214999 代收其他-其他

2200　長期負債

2210　長期銀行借款

　　凡向金融機構借入之款項，其還款期限在一年以上者皆屬之。

2220　長期應付款項

（三）權益基金及餘絀類會計科目名稱、編號及定義列示如下：

3000　權益基金及餘絀

3100　權益基金

　　凡園所創辦時接受董事及外界之各項捐助及學校營運賸餘轉入數皆屬之。包括指定用途權益基金及未指定用途權益基金。

3110　資本

　　凡業主權益投資之資本皆屬之。

3200　餘絀

　　凡園所歷年累績之賸餘，未轉列權益基金者；或歷年累積之短絀，未經填補者皆屬之，包括累計餘絀及本期餘絀。

3210　累積餘絀

3220　本期餘絀

3230　法定公積

　　凡政府規定提列之公積金皆屬之。

3240　股息支付

　　凡每學期支付合夥人股息皆屬之。

3250　紅利支付

　　凡每學期支付合夥人紅利皆屬之。

（四）收入類會計科目名稱、編號及定義列示如下：

4000 收入

 4100 收入

 4110 學雜費收入

  凡園所依主管教育行政機關規定收費標準或依彈性收費標準向
  學生收取之教保費、報名費、才藝學分費…等學雜費皆屬之。
  本科目細分為：

 4111 報名費收入

 4112 教保費收入

 4113 才藝學分學雜費收入

 4114 材料費收入

 4115 點心費收入

 4116 交通費收入

 4117 午餐費收入

 4118 活動費收入

 4119 園服收入

 4120 補助及捐贈收入

  凡園所接受政府機關之補助及國內外機關團體以及個人之捐贈，
  得由學校運用者皆屬之。

 4121 補助收入

  凡各級政府給與之補助，包括舉辦業務、補助設備或其他建物
  之購置皆屬之。本科目細分為：

  412101 補助收入：整體發展

  412102 補助收入：貸款利息

  412103 補助收入：保育薪資

  412109 補助收入：其他

 4122 捐贈收入

  凡其接受社會大眾或其他財團或社團之捐贈收入皆屬之。

 4130 財務收入

  凡園所運用資金所獲取之收益皆屬之。包括利息收入、投資收
  益及基金收益等。

4131　利息收入
　　　凡園所於金融機構存款或因財務操作所獲取之孳息皆屬之。

4140　課輔收入
　　　凡國小課輔學費、月費、才藝費等收入皆屬之。

4150　其他教學活動收入
　　　凡園所於一般教學及推廣教學活動外，所從事之教學活動向學
　　　員所收取之費用皆屬之。

4160　代收款
　　　凡幼兒平安保險費，代收樂器、教材之費用皆屬之。

4190　其他收入
　　　凡不屬於以上各科目之收入皆屬之。

（五）支出類功能別各會計科目名稱、編號及定義列示如下：

5000　支出

　5100　支出

　5110　董事會支出
　　　　凡董事會所發生之各項費用皆屬之。

　5120　行政管理支出
　　　　凡園所行政管理部門之各項費用皆屬之。

　5121　行政教學管理支出：人事費
　　　　凡屬教職員工之薪資，包括薪金、俸給、工資、伙食費、加班
　　　　費、津貼、學校負擔之保險費、獎金等皆屬之，並依教職員工
　　　　之工作性質，分別歸於各功能別之支出科目。本科目細分為：

　　　　512101　行政教學人事支出：薪津
　　　　　　　　凡教職員工薪資，津貼，獎金等皆屬之。新進人員需附
　　　　　　　　簡歷、學經歷證件、任職日、投保額等相關資料；進修
　　　　　　　　結業調薪者附結業證書影本，以茲證明。

　　　　512102　行政教學人事支出：考勤獎金

　　　　512103　行政教學人事支出：專業加給

　　　　512104　行政教學人事支出：職務加給

512105　行政教學人事支出：年終獎金

512106　行政教學人事支出：加班費

512107　行政教學人事支出：鐘點費

凡屬才藝班鐘點費、津貼、與獎金等皆屬之。

512107　行政教學人事支出：福利

凡園所員工文康、聚餐、與其他福利皆屬之，比率不能
超過收入 2%，但不含園所教職員工運動服與制服。

512109　行政教學人事支出：教職員工保險費

凡園所勞工保險、團體壽險保險費皆屬之，但須附每月
勞健保清單，證明員工與所方負擔之金額，且滯納金不
能申報之。

5122　行政教學管理支出：業務費

凡屬處理一般事務所需之各項費用包括文具、紙張、印刷、郵
電、水電、運費、差旅費、租金、保險費、燃料、油墨、物品、
公關、福利、研究訓練、進修補助及各項支出等皆屬之，並依
支出之用途分別歸類於各功能別支出科目。本科目細分為：

512201　行政教學業務支出：辦公費

凡屬辦公、文具、用品及各項表冊印刷費皆屬之。需附
送採購貨單、印刷附樣張、印章附印模等。

512202　行政教學業務支出：廣告費

凡屬招生相關簡章印刷及人事登廣告刊費皆屬之。簡章
印製或派發需附樣張、人事登刊報紙亦需附影印樣張。

512203　行政教學業務支出：交際費

凡屬園所與公務相關之招待外賓茶點費皆屬之，但其比
率不能超過收入 3%。

512204　行政教學業務支出：郵電費

512205　行政教學業務支出：瓦斯費

512206　行政教學業務支出：保險費

凡屬園所車輛及房舍保險費皆屬之，但須附每月清單。

512207　行政教學業務支出：差旅費

凡屬出差旅費及交通費皆屬之。出差附通知單，校外教學誤餐附校外教學通知單。

512208　行政教學業務支出：伙食費
凡屬園所幼兒點心、午餐支出皆屬之。需詳細註明品名、單價、數量、與相關經手人員名冊。

512209　行政教學業務支出：燃料費
凡屬車輛汽油、燃料費皆屬之。但發票要打統編及車號。

512210　行政教學業務支出：教學觀摩研習經費

512211　行政教學業務支出：進修訓練費
凡屬員工職前或在職訓練費用皆屬之，且要附研習簡章及收據以茲證明。

512212　行政教學業務支出：幼兒教材費
凡屬幼兒各項教材、教具、與材料支出等皆屬之，且要附清單與相片註明用途。

512213　行政教學業務支出：書報雜誌
凡屬各項圖書、報紙、雜誌購置皆屬之，凡購買或訂購要附送貨單或清單。

512214　行政教學業務支出：租金支出
凡屬房租、遊覽車、活動場地、服裝等租金皆屬之，需附活動通知單。

512215　行政教學業務支出：醫藥衛生

512216　行政教學業務支出：清潔費

512217　行政教學業務支出：公會費
凡屬學術團體入會費及常年會費皆屬之。

512218　行政教學業務支出：其他費用
凡有關行政教學業務各雜項費用皆屬之。

5123　行政教學管理支出：維護及報廢
凡有關園所建築物及各項設備之維修費用及報廢損失，包括經常性之維修、養護、房屋之修繕、校園之美化、房屋及設備之

保險等皆屬之，並依維修或報廢之建築物與各項設備之用途，
分別歸類於各功能別之支出科目。

512301 行政教學維護支出：修繕

512302 行政教學維護支出：報廢

5124　行政教學管理支出：退休撫卹費

凡屬教職員工之退休及撫卹支出皆屬之，並依教職員工專任之
工作為劃分依據，分別歸於各功能別之支出科目。

512401 行政教學退撫支出：退休

512402 行政教學退撫支出：撫卹

5130　獎助學金支出

凡對學童獎學金及助學金之支出屬之。

5140　作業損失

凡作業組織年度經營之虧損屬之。本科目細分為：

5141　損害賠償

凡各項損害賠償費（業務過失）皆屬之。需附和解書或切結書。

5142　投資損失

5143　出售資產損失

凡組織年度出售各項資產損失皆屬之。

5150　財務支出

凡組織年度經營之財務支出屬之，包括利息支出、園服裝費、
公益捐贈、稅捐支出等。

5151　利息支出

凡屬購置設備分期付款之利息支出皆屬之。

5152　代收款項

凡幼兒平安保險費支出、代付樂器、教材費等皆屬之。

5153　園服裝費

凡幼兒書包、園服、運動服支出皆屬之。

5154　公益捐贈

凡以園方對教育，文化，公益，慈善團體捐贈皆屬之，但捐贈
比率以不超過年度收入之 10%為上限。

5155　各項折舊

凡以園方各項設備折舊費皆屬之。

5156　稅捐

凡屬各項稅捐皆屬之，如牌照、燃料稅等，但各項罰款及滯納金不能申報之。

5190　其他支出

凡不屬於上列各項費用之開支屬之。

針對以上會計科目之編號及其科目名稱，各園所得配合園務發展之需要而自行加以調整。

貳、日常經費收支

園所日常經費收支帳務處理包括收支預算編擬、日常收支記錄、會計制度流程、月報表編製、及期終決算核銷。

（一）、日常收支記錄注意事項

原則上，園所針對日常營業的收支事項，應正確快速登錄收入憑單及支出憑單，並能提供便利性的各種分析整合報表。

⑴營業收入

（1-1）當學童將收費通知單與繳費袋繳回時，立即點收現金是否正確，確定無誤後，開立園所收據，交學童帶回。

（1-1-1）若學童未繳回繳費袋時，應婉轉詢問原由，並再行整理一份收費通知單與繳費袋。注意檢視各項收費項目金額是否正確，確定正確後，將收費通知單放進繳費袋中，並用鉛筆書寫金額於繳費袋正面右下角，請學童帶回呈父母。

（1-1-2）若學童並未將繳費袋連同現金繳回時，先點收現金，並用便條紙記載姓名與金額。須找錢時，於收據上註明找回多少錢，並用信封裝入零錢。

（1-2）每日應清點收入金額是否正確，同時將現金存入郵局或
　　　金融機構之園所帳戶，並由會計或出納人員製作收入傳
　　　票與記入現金簿及分類帳簿。

（1-3）每月於月中與月底分別製作一份收費統計表，按學雜費、
　　　月費及其他單項計入，並計算分項金額與總金額。

　　（1-3-1）課輔班、單獨才藝班及其他代收費用，應單獨
　　　　　　使用統計表並單獨編寫收入傳票。

　　（1-3-2）隨時核對各張收費統計表合計金額總數，是否
　　　　　　與現金總收入相符合。

(2)營業支出

（2-1）當協力廠商申請付款時，出納人員將依據原始憑證審核，
　　　查核無誤後始可付款。

　　（2-1-1）收據需寫抬頭、日期、品名、單價、數量、金
　　　　　　額、蓋店章及負責人章，合計金額需大寫。

　　（2-1-2）發票除上述資料，應填寫地址及統一編號。

　　（2-1-3）個人收據需註明用途、身份證字號、地址、姓
　　　　　　名、與蓋章。

　　（2-1-4）支用證明單需載明日期、用途、理由、合計、
　　　　　　與有關人員蓋章。

　　（2-1-5）協力廠商每月請款時，宜檢視、核算累積之送
　　　　　　貨單、估價單，是否經有關人員簽收，品名與
　　　　　　金額是否正確。

　　（2-1-6）收據金額與實支金額不符時，應於憑證內填寫
　　　　　　實支金額。

（2-2）幼教機構除薪資外之大額支出必須專案申請。

　　（2-2-1）支付大額支出時，使用廠商付款簽收簿。

　　（2-2-2）每月月初，園所出納人員需申請定額零用金以
　　　　　　支付小額費用。

　　（2-2-3）協力廠商的估價單應與正式憑證分開保存。

　　（2-2-4）未付款之協力廠商的正式憑證，應與已付款之

憑證分開保存，待付款後再放入已付款之憑證
中，一同收藏。

（2-3）付款後由會計或出納人員製作支出傳票與記入現金簿及
分類帳簿。

（2-4）每月 10、20、30 日整理與檢視全部支出原始憑證，比對
合計總數與現金簿支出金額是否相同。

(3)**報表製作**

每月將整理記錄過的上月份收入傳票、支出傳票、轉帳傳票，連同
收支報表送交會計人員處理帳務，並於年底將資料彙整編製財產目錄與
財務報表。

小院士幼稚園　年　月份收費通知單

壹、請惠於繳納貴子弟之下列費用

☐ 學雜費　　　元　　☐ 月費　　　　　元　　☐ 活動費　　　元

☐ 交通費　　　元　　☐ 保險費　　　　元　　☐ 輔導費　　　元

☐ 鋼琴班學費　元　　☐ 美術班學費　　元　　☐ 舞蹈班學費　元

☐ 作文班學費　元　　☐ 心算班學費　　元　　☐ 陶藝班學費　元

☐ 園兜服　　　元　　☐ 運動服　　　　元　　☐ 材料費　　　元

貳、請惠於繳納貴子弟之下列代購教材費用

☐ 音樂課用教本 元　☐ 音樂課用口琴　元　☐ 音樂課用直笛　元

☐ 勞作課用繪本 元　☐ 勞作課用色筆　元　☐ 校外教學門票　元

參、以上費用合計　　元，敬請核對並於月底前繳納，謝謝您的合作。

園長 敬啟

年　　月　　日

BC9322134 10,000

表 3.9　小院士幼稚園收費通知單範例

小院士幼稚園 現金收入傳票

年度：93 年

日期：93/09/25　　　　第 093 號　　　　第 1 頁共 1 頁　　　收款：民國 93 年 09 月 24 日

會計科目及代號	摘要	金額	現金出納簿登記頁數	明細數	
				種類	頁數
	合計			單據　　張	

園長　　　主辦會計　　　主辦出納　　　記帳　　　收款　　　覆核

保存年限：5 年

表 3.10　小院士幼稚園收入傳票範例

小院士幼稚園 現金支出傳票

年度：93 年

日期：93/09/26　　　　第 099 號　　　　第 1 頁共 1 頁　　　付款：民國 93 年 09 月 25 日

會計科目及代號	摘要	金額	現金出納簿登記頁數	明細數	
				種類	頁數
	合計			單據　　張	

園長　　　主辦會計　　　主辦出納　　　記帳　　　收款　　　覆核

保存年限：5 年

表 3.11　小院士幼稚園支出傳票範例

小院士幼稚園 轉帳傳票

年度：93 年

日期：93/09/30　　　第 101 號　　　　　　　　　　　　　　第 1 頁共 1 頁

會計科目及代號	摘要	金額		現金出納簿登記頁數	明細數	
		借方	貸方		種類	頁數
附件　　　份	合計			支票號碼		

園長　　　主辦會計　　　主辦出納　　　記帳　　　收款　　　覆核

保存年限：5 年

表 3.12　小院士幼稚園轉帳傳票範例

	年		傳票	會計科目及代		總帳	金額	
月		日	編號	碼	摘要	頁次	借方	貸方

小院士幼稚園 日記簿

第　頁

表 3.13　小院士幼稚園日記簿範例

小院士幼稚園 總分類帳簿

會計科目及代碼：
第　頁

	年		日記簿	摘要	借方金額	貸方金額	餘額
月		日	頁次				

表 3.14　小院士幼稚園總分類帳簿範例

小院士幼稚園 總分類帳科目日計表

年　月　日

編號：

會計科目代碼	總帳	前日餘額		本日異動		本日餘額	
	頁次	借方	貸方	借方	貸方	借方	貸方
合　　　計							

表 3.15　小院士幼稚園總分類帳科目日計表範例

（二）、會計制度流程

　　就商業通用會計制度規範而言，會計制度流程包含原始憑證記帳；記帳憑證登入現金帳簿；現金帳簿過入分類帳簿；彙整編製財務報表；且依規定遞送全部過程所產生之結果給報表使用者（呂欣諺，2003）。

　　⑴原始憑證之取得給予及審核

　　會計事項之發生，均應取得或給予足以證明會計事項經過之原始憑證，可分為對外憑證、外來憑證、與內部憑證三類。

　　　（1-1）對外憑證

　　　　　家長繳納幼兒學雜費、月費、教保費、才藝班學雜費等，園所開出的收費收據，統稱對外憑證。

　　　（1-2）外來憑證

　　　　　向協力廠商購物索取之收據、發票、或個人勞務所出的詳細個人基本資料收據，統稱外來憑證。

　　　（1-3）內部憑證

　　　　　園所內部使用的憑證，統稱內部憑證，如：

　　　　　（1-3-1）每月薪資證明冊、獎金與福利金證明冊

　　　　　（1-3-2）餐點採購單：午餐、點心採買單

　　　　　（1-3-3）員工小額支出支用證明單

　　　　　（1-3-4）差旅單

　　　（1-4）特殊狀況

　　　　　因事實上之限制，無法取得或因意外事故損毀、缺少或減失者，應根據事實及金額做成憑證，由負責人或其指定人員簽名或蓋章，以茲證明，經單位主管核可後憑以記帳。

　　⑵記帳憑證之編製

　　記帳憑證應記載商業名稱、傳票名稱、日期傳票、編號、科目名稱、摘要及金額等事項並經相關人員簽名或蓋章。可分為現金收入傳票、現金支出傳票、轉帳傳票等三類。

　　　（2-1）現金收入傳票

當收入入園所時，會計人員需列印收入傳票。

（2-2）現金支出傳票

當園所需付出款項時，會計人員需列印支出傳票。

（2-3）轉帳傳票

當帳戶對轉，無實際現金收入或支出時，會計人員使用轉帳傳票。

列印出來的傳票必須有主辦會計簽章，才屬符合規定之會計記帳憑證的收入、現金支出、與轉帳傳票。

(3)會計帳簿之處理

應根據記帳憑證，登入序時帳簿，過入分類帳簿。小院士幼稚園之現金收入帳簿處理程序為：現金點收→開立收據→存入行庫→收入傳票→記入賬簿。現金支出帳簿處理程序為：審核憑證→主管簽章→款項支付→支出傳票→記入賬簿。主要帳簿有現金簿與分類帳等兩類。

（3-1）現金簿

日記帳簿係依商業會計法第二十三條之規定必須設置的帳簿，記載每日收入及支出。

（3-2）分類帳

根據現金簿係依商業會計法第二十三條之規定必須設置的帳簿，按會計科目逐一過帳。

此外，依商業會計法第二十五條規定，組織應設置帳簿目錄，記明其設置使用之帳簿名稱、性質、啟用停用日期、已用未用頁數，由商業負責人及經辦會計人員會同簽字。

(4)財務報表之編製

園所根據總分類帳各科目之餘額編製財務報表。建議每月編製月報表，每學期編製預算表、決算表、損益表、現金流量表、與資產負債表。財務報表應予必要之註釋，並視為各該報表之一部分。

(5)決算之辦理

園所決算之辦理應完成決算書表，其包括營業報告書及財務報表。營業報告書是將園所經營方針、營業收支、獲利能力、發展狀況等項目彙整報告訂定之。決算書表應由代表董事會、園所負責人、及會計主辦

人員簽名或蓋章負責。

(6)會計資料之保存

會計憑證應按日或按月彙訂成冊。依照商業通用會計制度，各項會計憑證、除應永久保存或有關未結會計事項者外，應於年度決算程序辦理終了後，至少保存五年。

參、帳目登錄彙編

近年來企業發展型態日益多元化與複雜化，因此工商企業界在處理日常會計事項時，除了需具備一般會計常識外，對於相關法令的知識更應加以注意；如：商業會計法、公司法、營業稅法、所得稅法、稅捐稽徵法、稅捐稽徵機關管理營利事業帳簿憑證使用辦法等。因此，一般而言，園所的帳務處理大致可區分成下列三種情形：

(1)委外記帳

園所創設初期對於帳務處理，往往因本身欠缺相關法令知識，或缺少適當的會計人員，抑或為了節省稅務成本，大多委託一般記帳業者代為處理日常稅務及帳務事宜。部份記帳業者為節省麻煩，而以書面審核方式，依一般幼教機構利潤標準自行調整所得額申報，若再加上記帳業者與園所經營者雙方沒有共識，極容易發生糾紛，無形中導致企業經營的稅務風險增加。

(2)會計師簽證

依目前財政部規定，營業額在三千萬以上之營利事業，申報營利事業所得稅時，已不適用書審。園所在稅務風險的考量下，會聘請會計師代為規劃督導有關帳務及稅務處理事宜。而會計師在查核簽證時，也會對機構的帳務詳細審查，確實反映機構帳務處理情形，並向園所經營者提出改善建議，作業方式亦較嚴謹，稅務風險則相形降低，但費用相對可觀。

(3)自主記帳

園所可聘請有經驗的稅務會計人員，培養自主記帳人員，帳務稅務資料由內部會計人員自行處理。

　　帳目登錄彙編等帳務處理之基本目標就是能提供管理者需要的財務資料與正確的稅務申報，這些流程必須能夠準確、易懂、完整、及時反映出機構經營的實際情況，然而要將機構發生的所有交易情形加以確認、記載、分類、彙整，必須要有一套完整而嚴密的會計制度始能達成上述的目標（Romney and Steinbart, 2002）。因此綜合上述所論，幼教機構應盡可能聘請專業之會計出納人員處理帳務，同時建議採用會計資訊管理系統之套裝軟體，確實做到節約支出，擴大資源使用效益，追求最大效能。

　　事實上，會計資訊管理系統的應用範圍，以實務的角度來看，其應用層面可涵蓋組織中之銷售、採購、人事薪資、與現金收入及支出業務等。因此，一個電腦化的會計系統是由一系列可以被個別和綜合使用的模組所構成，一般可分為會計總帳、財務管理、人事薪資管理、財產管理及生產管理幾個主要的系統（柯瓊鳳、陳專塗，1999）。

　　會計程序電腦化已將複雜的人工作業程序予以精簡，但一樣還是須由人工作業蒐集原始憑證開始及輸入財務資訊，惟對於過帳與編表等較耗費人力的程序已大幅簡化。輸入之電腦資料，可輕鬆經由電腦分類整理後印出需要的各類報表，以至於做進一步的財務分析（Gelinas and Sutton, 2001; Moscove et al., 2003）。一般來說，電腦化流程確實縮短了會計操作程序，亦提昇會計資訊的精確度，另一方面也進一步協助管理者強化整體競爭優勢。但電腦唯一不可取代的是內部控制制度，會計流程、帳務處理、資料儲存及審計查核皆須徹底落實，園所才能享受到資訊化帶來的效益（李啟誠、林坤霖，1998）。

本章小結

　　會計制度是組織處理其財務資訊的一種系統管理經驗法則，經由該制度之明確規定，使會計出納事務之處理流程能有一定遵循的軌跡脈絡，同時於既定流程中產生之各種有用訊息，可使園所得以針對其資產、負債、業主權益、營業收入、與成本費作更有效的資源配置，以順利推展園所業務，更可進一步協助經營管理者作正確快速之決策，使組

織得以持續成長發展。

　　一般而言，會計制度之規定事項涵蓋每一財務部門，會計要素及會計科目於財務報表中亦息息相關，因此經辦人員是否具有充足專業訓練與是否確實遵守相關規定，將影響制度之順利推行與其成效。然而會計科目常因組織型態不同而有所差異，幼教機構之會計科目依其涵蓋範圍，亦可分為大類、中類、小類、子目及明細，分別代表類別、性質別、科目別、子目別、細目別，且組織之會計科目類別編碼方式以能顯示帳戶性質、適合財務報表編製、位數愈少愈好、且須具有擴充性為最適當原則。當然，任何一種管理施行流程，均無法長期適用於某一產業，即使是設計良好之會計制度，也可能由於外在經濟環境之變動與內部業務之改變而產生某些規定不再適用之情形發生，故隨時檢討及定期修改會計流程制度是絕對必要之提昇競爭力步驟。因此幼教機構應依其實際業務情形、會計事務性質、與內部控制管理等層面上之需要，加以訂定與定期檢視，使之成為真正有助益的經營管理工具與技術。

第四章　規劃

第四章　規劃

第一節　財務結構規劃

壹、財務目標整合

　　許多幼教機構業者在教學與園務能力非常強，但是對於財務規劃可能就顯得手足無措，不知如何設立財務目標、編列財務預算、落實財務管理，因此資金運用就無法配合組織機構成長與發展的腳步，使得經營管理的效益大打折扣。落實財務規劃可形成資訊回饋效果，會計記錄與報表是根據最可靠的資料所編製，並依其一定之規章與流程衡量、處理並傳遞財務資訊，形成有效的決策制定參考系統。

　　流動資金是機構的生命泉源，對流動資金需要有事先周詳的計畫和進行過程中的嚴格控管。如前章所述，財務報表是表達企業在某一特定時期的財務狀況、經營成果與資金變動情形，主要包括：資產負債表、損益表、及現金流量表。其中，資產負債表反映在某一時刻的機構財務健康狀況、損益表反映的是某一時段中企業的盈虧狀況，管理者可以用報表中的資料得到比率指標來衡量資金運用與經營成效。財務規劃一般要包括以下內容：

一、財務計畫與營運目標

　　取決於幼教機構遠景的財務計畫是對營運目標的支援和說明，在經營風險與資源需求是十分關鍵的評估資料。園所的財務計畫應與營運目標相一致。事實上，透過完整財務計畫，可以明確了解園所課程定價、薪資預算、費用支出、以及預期成本和利潤等等。

二、財務分析與資金來源

年度資產負債表、損益表、與現金流動表皆透露園所現金收支狀況，值得進一步分析評估。從資產負債表可判定現金餘額、存貨金額、與各項資產負債與上期比較差異的情形。從損益表可判定收入成本、營收獲利是否合理，是否有異常增加的營業項目或過多的營業外支出。從現金流動表可判定資金來源是否主要來自營業活動，以及資金運用於各項活動的情形（Bragg, 2003; Blommaert, 1991）。事實上，幼教機構可以藉由財務分析的機制加強資金管理，規劃健全合宜的內部控制、編列符合目標的收支預算，使經營腳步更穩健踏實。

三、財務結構與融通管道

依據經濟部中小企業處出版之九十三年中小企業白皮書指出中小企業就資產面而言，呈現流動資產大幅降低、固定資產略降、對外長期投資增加、與機器設備投資減少的現象；就負債面而言，呈現流動負債降低、長期負債增加、營業淨利再縮小、及盈餘仍呈負值的狀況。因此，在目前景氣低迷、行業競爭惡化等不利環境因素下，經營者必需能對市場脈動作預先研判，以預測未來機構的財務狀況，並早研擬應對策略，平時應多注意資產分配的比率與資金融通的管道，以避免機構財務吃緊的情形發生（Lore and Borodovsky, 2000）。原則上，幼教機構常見之資金籌措管道有下列四種：

(1) 自有資金

自有資金比例愈高，愈能激勵努力的決心，但相對承擔所有風險。

(2) 信用貸款

各銀行商品名目極多，但因全憑申貸人的個人條件認定，通常小額無抵押貸款利息較高，因此僅適合短期融通，不宜做長期借款的打算。

(3) 親友借貸

借款難度與利息可高可低，視個人平日為人及與親友間的互動親密度而有不同，關係需靠長期經營培養，無法臨時獻殷勤。

(4) 民間標會

對於急需用錢的人來說，這是較為便利的管道，但可能因為要搶標而需付出較高的利息，此外其所能籌措的金額便較有限。

四、財務策略與資產配置

財務策略意指界定組織的運作基本目標，例如防禦模式、成長模式、或突擊模式，並了解目前及未來市場發展情形，提供組織經營上穩健的資金調度與運用過程的預先情境規劃（Jorion, 2003）。從其定義來看，它的重點是要以財務技術調整組織動態並預先規劃資金配置，以配合未來市場脈動。幼教機構的資產配置應考量下列兩個因素：

(1) 營運資金來源

若機構獲利毛利超過 40%，相較之下以 10%的利率融資取得營運資金，似乎還合算，因為機構是借錢來賺錢。但近幾年來，營利事業機構的獲利毛利持續下降，若利息仍在 10%左右，再加上人工及固定管銷成本增加等因素影響下，此融資模式已經影響到財務結構的健全。依目前一般情形來看，幼教機構的獲利毛利已遠不如大型企業，因此資金取得成本對幼教機構之營運資金結構影響極為重大，若不能有效控制融資利息負擔，會使有些園所雖然表面上有盈餘，但是這些融資利息支出可能會完全抵銷掉年度利潤。

(2) 營運資金準備

一般機構在經營過程中，除了自有資金外，大多須透過各種管道融通營運資金。但現今幼教機構面臨強大的同行競爭與學生銳減的雙重壓力，因此幼教機構業主更應正視營運資金分配的問題，以免因市場突發事件因素的影響，造成園所資金週轉不靈。原則上營運資金準備可依事態嚴重程度分為機構零用金、機構週轉金、機構準備金、以及機構存續金等四種（Emery et al., 1997; Keown et al., 2001）。

（2-1）機構零用金

機構之零用金為當月之零用開支所需，可交會計與出納保管，夠當月使用即可。

（2-2）機構週轉金

機構應規劃 2 個月份固定管銷費用作為週轉金，週轉金

　　　　　　　　可存於機構活存專戶，以備不時之需。

　　（2-3）機構準備金

　　　　　　　　機構應準備 6 個月份的固定管銷費用作為準備金，準備
　　　　　　　　金應以定期存款方式存入機構帳戶，每半年續約一次，
　　　　　　　　以備緊急資金缺口的需求。

　　（2-4）機構存續金

　　　　　　　　此外，機構應未雨綢繆設想未來可能發生的資金問題，
　　　　　　　　平時應與往來金融機構建立良好信用歷史，待突發狀況
　　　　　　　　發生時亦有存續金救急。存續金可以信用貸款額度（line
　　　　　　　　of credit）因應，信用貸款額度即機構與一般商業銀行所
　　　　　　　　簽訂的契約，表示在一定條件及條款下，可貸得的定額
　　　　　　　　循環款項，平日若不動用，亦不需支付任何費用，但相
　　　　　　　　較之下其貸款利率較高，故不適合作為前述之機構零用
　　　　　　　　金、週轉金以及準備金之用。

　　總而言之，機構零用金、機構週轉金、機構準備金、以及機構存續
金設置的主要目的是希望幼教機構遭受到市場不利因素的影響時，企業
仍有充分的營運資金可供週轉。否則，為情勢所逼向地下錢莊融資，等
於走向倒閉之路。

貳、財務規劃流程

　　幼教機構財務規劃應先確立機構發展目標。建立目標願景之後，再
運用策略規劃技巧蒐集內部與外部情報資料，彙整分析及建立資訊檔
案，釐清學校角色定位與機會威脅，規劃運用學校本身資源，使學校立
於最有利的競爭位階。為了評估並選擇最佳資源配置方案與落實開源節
流計畫，園所必須配合機構宏觀願景，詳細規劃收支與編列預算，依其
編列與執行先後順序可分為：概算、預算、以及決算等三個層次。概算
意指園所計算初估收支；預算意指園所彙整經費收支；決算意指園所實
際經費收支。步驟流程如下圖所示：

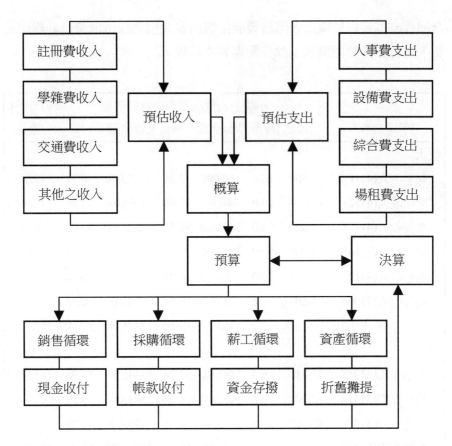

圖 4.1　小院士幼稚園財務規劃流程圖

　　事實上，幼教機構財務規劃的目的，除作為每學期園所資金收支計畫的書面資料外，管理者更可藉由規劃的過程，審視各個環節是否有不足及尚待改進之處。基本上，預算與決算是園所每學期財務收支計畫與執行情況，規劃時可依據下列程序：

⑴參照上年度園所預算執行與決算情形。

⑵考量本學期園所教學工作計畫及需求預估之經費概況。

　　必要時可進行預算修正，並於學期結束時，將實際收支情形合計，編成決算表以了解園所經費實際收支概況，並與預算比較，分析預算與決算之差異原因，並可幫助預估園所開始營運後 3 到 5 年內，每一年的損益明細。這些預估數字將幫助管理者確實估算利潤，並了解何時能完

全回收成本。對於園所各階段發展所需的資金也應該清清楚楚的規劃記
載，這會影響整個機構盈餘分配與資本結構。

科　　目			小院士幼稚園預算決算對照表				93/09/30
	單價	期/人	預算金額	%	決算金額	%	差益
收入							
報名收入(4111)	500	1/20	10,000	0.26	8,000	0.21	(2,000)
教保收入(4112)	18,000	1/80	1,440,000	37.09	1,368,000	35.86	(72,000)
學費收入(4113)	5,000	5/80	2,000,000	51.52	2,025,000	53.09	25,000
交通收入(4116)	1,500	5/50	375,000	9.66	360,000	9.44	(15,000)
園服收入(4119)	900	1/40	36,000	0.93	28,800	0.76	(7,200)
其他收入(4190)	3,500	6	21,000	0.54	24,500	0.64	3,500
收入小計			3,882,000	100.00	3,814,300	100.00	(67,700)
支出							
人事支出(5121)	315,000	6.5	2,047,500	52.74	1,982,500	51.98	(65,000)
利息支出(5151)	58,000	6	348,000	8.96	348,000	9.12	0
折舊支出(5155)	45,000	6	270,000	6.96	270,000	7.08	0
業務支出(5122)	125,000	6	750,000	19.32	690,000	18.09	(60,000)
其他支出(5190)	5,500	5	27,500	0.71	22,500	0.59	(5,000)
支出小計			3,443,000	88.69	3,313,000	86.86	(130,000)
本期損益			439,000	11.31	501,300	13.14	62,300
合計			3,882,000	100%	3,814,300	100.00	(67,700)

表 4.1　小院士幼稚園預算決算對照表

　　此外，對經營風險（市場開發、學童人數、課程設計等）、資金風
險（利率變動、資產流動性等）及信用風險（短期投資、應收帳款等）
等三類風險評估亦缺一不可。因為市場發展分析、風險評估分析、經營
團隊分析、及園所作業分析對財務規劃皆有舉足輕重的影響力（Block
and Hirt, 2002; Keown et al., 2001; Lasher, 2004）。

第二節　融資決策探討

壹、資金成本分析

　　幼教機構內部財務管理是對整體資金流動和附加價值的管理，主要是以成本管理為中心，其目的就是在提高機構資金成本符合經濟效益最大化原則（Sihler et al., 2004）。為強化幼教機構內部財務管理，可從加強成本管理方面著手，主要又可分為降低成本提高經濟效益、控制存貨提高物流效能、及精算負債提高槓桿效果。

（一）降低成本提高經濟效益

　　幼教機構要改變過去傳統的成本管理模式，將單一核銷管理變為整合控制管理，積極推行目標成本責任管理之成本控制法，做到事前成本預測、事中成本考核、事後成本分析的三聯制度（Keown et al., 2002）。針對園所行政教學管理支出之人事、業務、及維護與折舊等費用作完善成本預測、核算、考核、和分析之成本決策管理方法，又可細分為下列兩個不同層面：

⑴徹底執行預算管理流程

　　成本管理意識必須落實到機構每位成員，管理與執行人員必須針對園務發展和年度銷售計畫制定機構總收支預算，並把目標分解落實到各部門與會計科目，針對教材供應、教學輔導和銷售推廣等各經營管理環節，實行成本預算定額或指標管理，把園所經營成本與規劃發展全面性結合起來。

⑵徹底落實嚴審考核制度

　　制定各項完善之費用支出額度和標準規範，並嚴格審核各種原始紀錄、驗收發出手續、材料領用單據、以及費用開支申請，以建立全方位考核程序制度。同時建立目標成本考核獎勵制度以真正做到權責與獎勵合一，使企業的目標成本與目標利潤密切連結，達到整體成本管理效益

的目標。

（二）控制存貨提高物流效能

　　為發揮流動資產最大經濟效益，幼教機構應對存貨作有效之控制與管理，以避免積壓過多資金於教材、文具、園服等物品。存貨的控制主要包括存貨計量及保管的控制。現代財務管理著眼於事前和事中的成本預測、計算和控制，這樣可以有效地將成本控制在一定水平內，又能提供各部門業務上之彈性，從而達到提高物流效能的目的。為求存貨訂購之經濟與投資之效率，機構可參酌採用下列存貨批量公式：

　　每批訂購數量＝[2×每期存貨量×訂購成本÷存貨儲存處理成本] $^{1/2}$

　　幼教機構常被大批訂購之進貨折扣吸引而增加每批採購數量，應利用上式計算額外訂購量所增加之儲存處理成本，及因額外增加訂購所獲得訂購成本之節省，計算兩者之差，並與進貨折扣後成本節省相比較，才能明確評估是否做出正確決策（Axsater, 2000）。

（三）精算負債提高槓桿效果

　　適當之財務槓桿效果可增加幼教機構的利潤乘數，但仍應仔細計算融資所發生之有形及無形成本，並與其他模式之利益及成本比較衡量，以訂定最佳融資比例與利息支出，避免沉重的利息負擔影響園所正常營運。為減少營運資金匱乏及提高短期資金週轉效率，園所可採取下列方式以緩和資金需求：

　　(1)提高應收帳款週轉率，加速現金回流。

　　(2)改用信用交易替代付現交易，延緩機構現金流出速度。

　　(3)減少採購不急需之存貨種類及數量，並延遲負債償還日期。

　　(4)暫緩資本支出計畫及減少業務活動，以節省機構開支負擔。

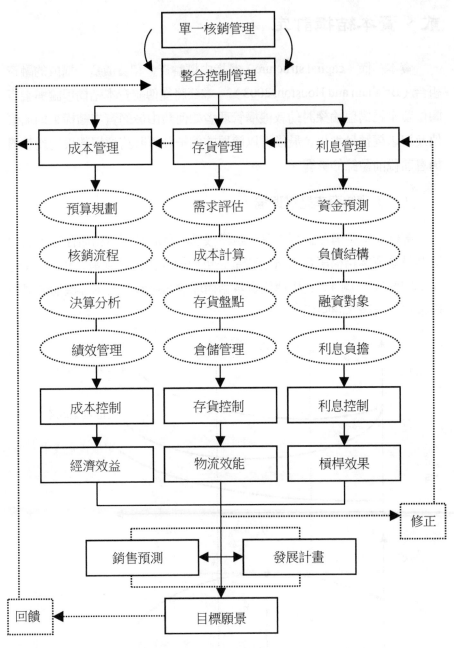

圖 4.2 小院士幼稚園成本整合分析管理流程圖

貳、資本結構訂定

資本結構（capital structure）意指由權益資金和負債資金構成的融資組合（Brigham and Houston, 2003）。本節將從傳統資本結構理論與融資順位資本結構理論探討幼教機構管理者如何藉由最適資本結構來創造價值及追求權益最大化，最後再以簡單的例子計算財務槓桿效果對幼教機構息前稅前盈餘的影響。

（一）傳統資本結構理論

傳統資本結構理論認為每一組織機構均有最適資本結構存在，因此遵循最適資本結構組合來籌措資金必可使機構價值達到最大化（Emery et al., 1997）。圖 4.3 利用傳統資本結構理論描述資金成本、機構價值與最適資本結構之間關係。

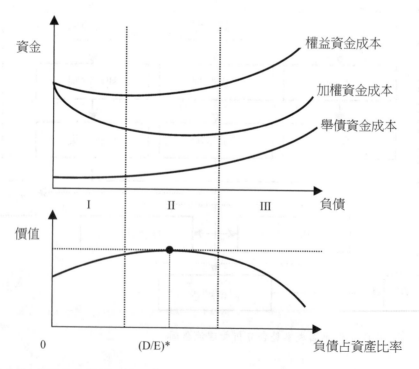

圖 4.3　傳統資本結構理論之資金成本、價值與最適資本結構關係圖

在上圖之第一階段中，提高舉債比率可以提高組織機構價值，此時財務風險尚小，權益資金成本、舉債資金成本皆上升得很慢，而加權資金成本呈下降趨勢。在第三階段中，高度舉債之財務風險極大，因此提高舉債比率會使組織機構價值急遽下降，即權益資金成本與加權資金成本皆大幅上升，且舉債資金成本亦呈上升趨勢。因此由關係圖可斷定，一般組織機構之最適負債占資產比率將落於第二階段（Garrison, 2001），在此最適比率之前，當權益資金成本與舉債資金成本呈緩步上升趨勢，加權資金成本反呈緩步下降趨勢，故組織機構價值可借提高舉債比率而增加，且不須擔心承受舉債比率的負面影響。

（二）融資順位資本結構理論

於 1961 年 Professor Donaldson 對美國產業界進行調查，便已發現融資順位的事實，Myers 和 Majluf 兩位教授於 1984 年重新探討，並以訊號發射理論（signaling theory）作為理論基礎，而正式提出融資順位理論（Brealey and Myers, 2003; Garrison, 2001）。在假設未來營運看好之前提下，該理論意指組織機構以追求股東權益極大化為目標時，在資金調度方面會結合投資、融資與股利政策而做以下之安排（Brealey and Myers, 2003）：

(1) 組織機構會偏好使用內部資金融資（internal financing），亦即當年度之保留盈餘，可節省融資的成本。

(2) 當內部資金不足時便向外融資（external financing），會依據融資成本的高低順序選擇，先發行一般負債，然後發行可轉換公司債或特別股，最後才考慮發行新普通股。

就融資成本而言，內部資金並無融資成本，而負債的融資成本又低於股票的融資成本。在資訊不對稱的情況下，發行新股代表目前股價被高估的訊號，易導致股價下跌。而為了避免機構市場認知價值下跌，財務經理會盡量避免利用發行新股去融資（Razin et al., 1996）。在融資順位資本結構理論下，組織機構並不存在目標資本結構或最適資本結構，資本結構只是獲利能力與投資機會的結果，因此機構最多只能訂定一個合理的目標資本結構區間，讓資本結構在此範圍內做適當的調整。故機

構獲利能力愈高，每年所產生的內部資金就愈多，所需的外部資金就相
對較少，故負債比率較低，相互造就一個良性循環的融資環境（Brigham
and Houston, 2003; Christoffersen, 2003）。

（三）財務槓桿效果對息前稅前盈餘（EBIT）的影響

理論上，財務槓桿（financial leverage）是指一個機構使用負債與固
定收益證券來融資的程度，機構在其資本結構中使用愈多的此類債務，
代表財務槓桿愈高。財務槓桿的應用會給組織機構的普通股股東帶來額
外的風險，財務槓桿的使用程度愈高，普通股股東所需負擔的額外風險
就愈大，而此種額外風險就是所謂的財務風險（Horngren et al., 2002）。
表4.2 呈現小院士幼稚園在不同負債比率下的負債成本，負債比率愈高，
風險愈大，銀行所要收取的利率相對也就會愈高。

負債額	負債占資產比率	負債利率
$200,000	10%	5%
$300,000	15%	6%
$400,000	20%	7%
$500,000	25%	8%
$600,000	30%	9%
$700,000	35%	10%

表 4.2　小院士幼稚園負債成本對照表

表 4.3 顯示小院士幼稚園預期的每股盈餘如何隨財務槓桿的改變而
變動。第一部份是學童註冊入學收入的機率分配，我們假設小院士幼稚
園可能有$500,000；$1,000,000 及$1,500,000 等三種園所之收入水準，其
相對之機率分別為 20%、60%、與 20%，此處之銷售與營運成本兩者皆
與財務槓桿無關；第二部分是小院士幼稚園在不舉債的情況下，不同的
銷售收入水準所產生的每股盈餘，我們求出 EPS 的期望值為$3.325，EPS
的標準差為$3.154，EPS 的變異係數為 0.949，並以此作為園所風險的指
標；第三部份則假設園所舉債 50%時其財務表現，由於該園所的總資本
額$2,000,000 中，有三成五是負債，根據表 4.2，在$700,000 負債的情況

一、息前稅前盈餘（EBIT）的計算			
銷貨機率	20%	60%	20%
銷貨	$500,000	$1,000,000	$1,500,000
固定成本	$180,000	$180,000	$180,000
變動成本（銷貨之 40%）	$200,000	$400,000	$600,000
總成本（不含利息）	$380,000	$580,000	$780,000
息前稅前盈餘（EBIT）	$120,000	$420,000	$850,000
二、負債對資產比率為零之每股盈餘（EPS）			
EBIT（由一計算得來）	$120,000	$420,000	$850,000
減：利息	$0	$0	$0
稅前盈餘	$120,000	$420,000	$850,000
稅率（25%）	（$30,000）	（$105,000）	（$212,500）
稅後淨利	$80,000	$315,000	$637,500
以 100,000 股計算的每股盈餘	$0.80	$3.15	$6.375
EPS 期望值		$3.325 ①	
EPS 標準差		$3.154 ②	
變異係數		0.949 ③	
三、負債對資產比率為 50%之每股盈餘（EPS）			
EBIT（由一計算得來）	$120,000	$420,000	$850,000
減：利息	$70,000	$70,000	$70,000
稅前盈餘	$50,000	$350,000	$780,000
稅率（25%）	$12,500	$87,500	$195,000
稅後淨利	$37,500	$262,500	$585,000
以 65,000 股計算的每股盈餘	$0.577	$4.038	$9.00
EPS 期望值		$4.338	
EPS 標準差		$7.230	
變異係數		1.667	

① EPS 期望值= $0.8×20% + $3.15×60% + $6.375×20% = $3.325
② EPS 標準差= [($0.8 - $3.325)^2×0.2 + ($3.15 - $3.325)^2×0.6 + ($6.375 - $3.325)^2×0.2]$^{0.5}$
    = $3.154
③ EPS 變異係數= $3.154 / $3.325 = $0.949

表 4.3 小院士幼稚園財務槓桿對園所盈餘影響對照表

下，其資金成本為 10.0%，因此在表 4.3 中每年的利息費用為$70,000，此部份必須與所得稅同時從息前稅前盈餘（EBIT）中扣除。此外，由於權益資金只占總資本額的 65%，因此流通在外股票剩下 65,000 股，則我們求出之 EPS 的期望值為$4.338，EPS 的標準差為$7.230，EPS 的變異係數為 1.667。因此，結合融資順位資本結構理論可知，在銷貨水準較高時可採用舉債計畫以帶來較高之 EPS；反之，在銷貨水準較低時則須採用權益融資以帶來較高之 EPS（Fabozzi and Peterson, 2003）。綜合上述分析可知最佳資本結構是能使加權平均資金成本最小的負債對權益比率，由於加權平均資金成本是機構現金流量的適當折現率，因此當加權平均資金成本最小時，機構的價值會最大，此時的負債權益比率乃是最佳資本結構，亦是目標資本結構。

　　幼教機構在尋找最佳資本結構的同時，除了採用以上介紹的分析方法之外，尚有下列七項重要因素需同時列入評量範疇（Grinblatt and Titman, 2001）：

(1)經營風險

　　此即機構在未舉債時，機構特有之經營風險。若機構風險較高，則必須配合保守的負債比率，反之當機構風險較低時，則可配合較高之負債比率（Jorion, 2003）。另一方面，銷售額穩定的組織機構較有能力使用較多的負債，並且負擔較高的固定費用，因此較有能力訂定負債比率偏高的資本結構。

(2)獲利能力

　　因為獲利豐厚的機構本身就能夠經由營運產生足夠多的保留盈餘以滿足資金需求，所以在正常經營環境之下，這些園所通常並不需要舉過多的債務。另一方面，成長較快的組織機構有較大量的資金需求因應營運的擴充，但由於新普通股發行的成本較新債的發行成本昂貴，因此成長快速的機構較成長趨緩的機構使用更多比例的負債（Soffer and Soffer, 2002）。

(3)稅負狀況

　　機構選擇負債的關鍵因素在於負債利息可抵稅，使其實際的資金成本得以降低。但若機構已採用加速折舊、投資抵減或營業損失抵減等方

式降低稅率，則負債所帶來的節稅利益就十分有限，此時就不宜訂定過高的負債對權益比率（Emery et al., 1997）。

(4)財務彈性

財務彈性的概念在於即使機構處於不利的地位，仍能以合理條件取得資金的應變能力（Lasher, 2004）。若機構的資產負債表表現較佳，資金供應者通常比較願意對其融通，此時機構就擁有較高的財務彈性（Scott et al., 1998）。另外，一些可能影響機構財務彈性的因素還包括未來的預期資金需求、資本市場的預期情況、管理當局對這些預期的信心、資金流通的限制條件、以及資金短缺的後果等。

(5)市場情況

如果中央銀行因為增加貨幣供給量的緣故，使市場利率下降，則機構在籌措新資金時，將傾向於使用負債；但若投資人對股票的需求相當強烈，使股票市場的交易十分熱絡，則機構採取發行股票的籌資方式可能性就相對的提高（Jones, 2004）。

(6)信用評等

貸款機構與信用評等機構的態度亦會影響機構融資抉擇。若機構的管理者打算使用超過產業平均水準的負債來融資，貸款機構可能就不會放心此種高槓桿做法，而調升貸款利率以當作其承擔負債增加後所產生的額外風險補償（Jones, 2004; VanHorne, 2001）；另外，穆迪（Moody）、標準普爾（Standard & Poor）、中華信評等信用評等機構亦可能會因過高的負債比率而採取調降機構債信評等，此舉將非常不利未來機構急需資金之融資活動。

(7)管理政策

管理政策趨於保守或積極亦有決定性的影響，但此時機構固定成本使用程度的營運槓桿也應加入考量。營運槓桿程度（degree of operating leverage, DOL）計算公式為息前稅前盈餘的變動百分比除以銷售的變動百分比（Horngren et al., 2002）。一般而言，固定成本占總成本的比例愈高，其營運槓桿程度愈大，而風險也愈高。假設在機構總槓桿保持不變的情況下，園所營運槓桿愈低，可使用的財務槓桿亦就相對愈高。因此積極的園所管理者可以透過財務槓桿的運用來提昇獲利，其制定的目

標資本結構通常會有比較高的負債對權益比率。

本章小結

　　有好的教育理念之幼教機構,不一定代表就能獲得家長的認同與支持,相對地,開創之初人氣鼎盛的幼教機構,也不保證在未來依舊是獨領風騷的明日之星。在競爭日益激烈的幼教產業環境,資金充裕不一定與極致發展劃上等號,還是需要有努力不墜的教學熱誠與符合理念的課程設計,才有吸引社會注目焦點的可能。當然,園所共同經營團隊及其經營管理能力亦是追求卓越不可或缺的重要轉化劑,其中務實的財務規劃對打造一家成功園所更是具有舉足輕重之影響。

　　財務規劃的目的在於清楚認知營運狀況與控制相關風險,使機構能提供園所同仁一致努力的目標以建立未來發展基石。財務規劃的重點則在於清楚計畫資金需求與規劃資本結構,使機構能在最佳資本結構之下有效運用園所資金推展業務。對於計畫資金需求而言,首先要確立發展目標,再對於園所業務預算、人事預算,和相關預算做詳細的規劃。對於基本預算支出有所了解之後,再針對資金來源及資金籌措做詳盡的規劃,透過考量資金融通成本和園所獲利能力,繪製出最佳資本結構的藍圖。有了上述兩項的分析基礎之後,再落實到財務報表的編製,並運用損益表、資產負債表及現金流量表做決策效果測量、評估與修正的反饋機制。

　　本章亦從傳統資本結構理論與融資順位資本結構理論進一步探討幼教機構管理者如何藉由最適資本結構來創造價值及追求權益最大化,並配合簡單的例子計算財務槓桿效果對幼教機構息前稅前盈餘的影響。透過分析可知最佳資本結構是能使加權平均資金成本最小的負債對權益比率,當加權平均資金成本最小時,機構價值會達到最大。此外,幼教機構在尋找最佳資本結構的同時,亦須將會影響園所財務決策之重要因素同時列入考量,才能有全面性的完整規劃。這些因素包含了經營風險的評估、獲利能力的考量、稅賦狀況的條件、財務彈性的計算、市場情況的調查、信用評等的定位、以及管理政策的訂定等。

第五章　分析

第五章　分析

第一節　預算分析評估

壹、分析投入成本

　　成本的定義是組織為了換取某些財貨與或勞務而投入的有形與無形經濟資源，而這些經濟資源的投入會使目前或未來之現金流量或其他資產減少，亦包含將資源運用於特定用途而放棄其他用途所可能產生的機會成本（Kieso et al., 2003；Larson et al., 2001；鄭丁旺，2004）。從教育生產面的角度來分析成本之內涵，蓋浙生（1994）指出教育活動是產品，而提供教育的學校是生產者，教育成本，可以從教育學校之年度預決算報表中人事費、設備費或辦公費等成本支出項目估計之。因此，從整體分析法探究幼教機構的學生成本，採取會計成本之觀念，利用經常門與資本門會計帳目上各項貨幣成本數字估算教育成本，亦即在一定時間區間內將所有支出之成本項目加總計算後除以園所學童人數即為學童單位成本，可以進一步了解園所經費流量及資源配置的情形。

　　幼教機構為了更精確計算投入固定與變動成本，必須蒐集財務報表中各項人事費、設備費或辦公費等成本支出項目數據，簡列如下：

　　⑴ 每月園所薪津支出，包含教職員工薪資、專業才藝教師鐘點費、績效獎金、以及年終獎金或紅利。

　　⑵ 每月園所營運支出，包含餐點伙食費、水電瓦斯費、修繕維護費、以及雜費等支出。

　　⑶ 每月園所教學支出，包含材料費、教具費、活動費、以及校外教學相關費用等支出。

⑷ 每月園所設備支出，包含新增設備以及舊有設備折舊費用支出。

⑸ 每月園所辦公支出，包含文具用品費、郵電費、廣告費、保險費、以及交際費等支出。

⑹ 每月園所租金支出，包含場地租金與資本租金，亦即園所租金支出與銀行貸款及私人借貸利息支出。

⑺ 每月園所稅賦支出，包含牌照稅燃料稅支出以及預估營利事業所得稅支出。

⑻ 每月園所交通支出，包含燃料費、保養費、以及修護費等支出。

⑼ 每月園所學童人次，包含幼稚園、才藝班以及安親班等各類班別分類統計。

⑽ 每月園所收入金額，包含報名費、註冊費、學雜費、教保費、特殊才藝學雜費、點心費、午餐費、課輔費、園服費以及各項相關收入。

　　精確統計各項支出與收入，比較分析實際營運成本與預估營運成本，進而分析差異原因並歸屬責任所在，及時改進，藉以提高效率，使實際成本能接近標準成本，以獲得最具經濟效率營運成本。

貳、制定收費標準

　　近幾年來隨著日益複雜與競爭的經營環境，幼教機構不但要面對競爭對手激烈衝擊所帶來的營運風險，更要面臨少子化不穩定學生來源的人口現象。即使有非常完善的教學課程及不斷的創新能力，但若未能做好成本控制與收入規劃，當經營環境突然有所變化時，機構可能會因一時無法應變而導致失敗。幼教機構如何按照發展目標以制定合理的收費標準，實屬重要課題。Nagle、Holden 與 Holden（2002）指出正確的產品訂價對成本控制、產品製造或原料購買，以及生產數量等決策將產生關鍵性的影響，其結果攸關組織機構穩定資金來源與營收損益。因此，本節將針對五種企業常用訂價模式做進一步的分析（Doan and Simon, 1996; Mills and Monk, 2003; Mitchell, 1985），並將其應用於幼教機構之收費訂價策略。

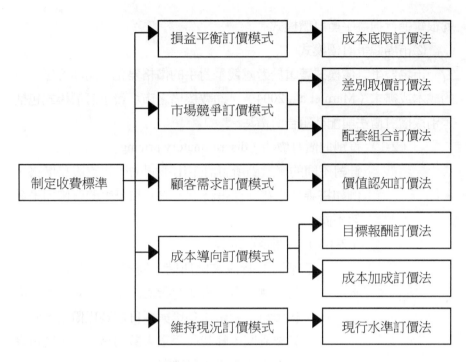

圖 5.1　制定收費標準方法圖

⑴損益平衡訂價模式

損益平衡是一種用來分析成本與價格關係的方法。在損益平衡點（breakeven point）時，組織剛好損益兩平，不盈不虧，因為總成本等於總收入。基本上，固定成本不會隨銷售量變動而改變，而總成本與總收入則會隨銷售量增加而增加（Daly, 2002）。因此，我們可以運用這連動關係推定必要售價或要求銷售量。

（1-1）成本底限訂價法（cost baseline pricing）

當幼教機構訂定價格時，必須同時考慮園所的成本、利潤與競爭者可能採取的行動。成本底限訂價法是依損益平衡訂價模式推演而來，計算方式如下：

損益兩平數量＝固定成本／單位產品的利潤

若園所無法達到損益兩平數量時，必須降低變動成本或提高單位售價，否則園所將會虧錢。當然若園所無法區分固定成本與變動成本時，

就很難進行損益平衡訂價模式。

(2)**市場競爭訂價模式**

市場競爭訂價模式著重於考慮競爭對手的價格變化，而非考慮自己的成本或需求（Marn et al., 2004）。幼教機構之市場競爭訂價模式包括差別取價訂價法與配套組合訂價法。

（2-1）差別取價訂價法（discriminatory pricing）

針對不同的學童園所可訂定出不同的學費或服務價格，例如搭乘公車在同樣服務下，成人和學生的票價即是截然不同。

（2-1-1）時間差別定價

不同的時段來園所時，將會有差異的價格待遇，例如全天班比半天班的學童享有更大的價格優惠；週末才藝班與平日才藝班價格不同，只要避開尖峰時段學童人數的超負載，就可享有優惠的差異收費標準。

（2-1-2）地點差別定價

即使是提供了相同的服務或課程，但因為地點的不同，而在學雜費訂定上會有很大的差異。例如離學校較遠的才藝班或安親班分園可提供折扣較大的差別定價，以紓減學童人數。

（2-2）配套組合訂價法（product mix pricing）

將若干相同或類似的課程組合在一起推銷時，幼教機構可將其售價訂的低於個別產品單獨售價的加總，如此可以吸引家長的購買慾望，並增加園所的利潤。常見的方法有互補產品定價、成組產品定價、及兩段式定價法等，分述如下：

（2-2-1）互補產品定價

有些產品是必須與主要產品搭配使用，即消費者在購買主產品後，勢必不斷的購買副產品。通常其中某一項產品的價格會訂的很低，再由其他高利潤的互補產品來彌補。例如數學才藝

班與習作題本。

（2-2-2）成組產品定價

若是各個課程分開銷售的加總價，會遠高於各別產品組合出售的價格。例如才藝班每科 1,200 元，但同時修 3 科收費 3,000 元。有時亦可配合犧牲定價法，亦即犧牲某些課程的價格來吸引學童上門，並爭取他們購買其他搭配的課程。

（2-2-3）兩段式定價

這種定價方式是指在購買基本的服務之後，若需要額外的服務可以再付費用。例如學童家長下班時間可能較晚，園所收取額外費用提供晚間另一時段之課程與保育。

(3)顧客需求訂價模式

顧客需求訂價模式是針對學童與家長需求的變化及對價格敏感度來定價。當需求強時，園所可訂定較高的價格；反之，當需求弱時，園所可訂定較優惠的價格（Hanan and Karp, 1991）。原則上，依據此定價模式，價格的制定與產品的成本無直接關聯。

（3-1）價值認知訂價法（perceived value pricing）

從顧客的角度來思考產品的價格，即基於消費者對產品價值的認知，而非產品的成本或是利潤導向。因此產品所塑造出來的價值越高，則價格訂的也越高。故它是一種需求導向的定價方法，因為顧客能認知不同的價格水準下，產品的差異價值。例如一罐百事可樂在量販店賣 12 元、在便利商店賣 16 元、但在高級餐廳卻要賣 35 元，這便是價值認知的不同。所以，同樣的課程因需求差異而會有迥異的市場價值。

(4)成本導向訂價模式

成本導向訂價模式是最常見的訂價方法。一般而言，成本導向訂價模式簡單易行，但卻沒有考慮到顧客的需求與市場的競爭狀況（Marn et al., 2004）。常見的成本導向訂價模式包含目標報酬訂價模式與成本加成訂價法。

　　（4-1）目標報酬訂價法（target profit pricing）

　　　　　　機構係依據所追求的利潤目標來訂定產品售價，通常是適用於比較不須要考慮價格彈性的時候，即是當需求是較無彈性的情況，不論產品價格如何變動需求的改變都不太大時，賣方才有訂定此種價格的空間。其計算公式如下：

$$定價＝單位成本＋\frac{（目標投資報酬率×投資資金）}{銷售單位}$$

　　（4-2）成本加成訂價法（markup pricing）

　　　　　　這是一種最基本簡單的方法，即在單位成本上加上一標準成數利潤，就是成本加成定價法。與前者不同是在於它係以一固比例利潤來加成，並反應在單位成本上。其計算公式如下：

$$定價＝單位成本 ×（1＋利潤加成）$$

　　　　　　通常許多組織選定一個標準加成比率，例如，政府的事業機關、國營企業、公立幼教機構多半是用這種方法來定價，因為它們通常不須擔心銷售的問題。

　⑸維持現況訂價模式

　　維持現況訂價模式主要是在維持現有價格，或是因應競爭者的價格。這種訂價模式是一種被動的策略，通常不需要太多的規劃，價格領袖在價格水準訂定上具有舉足輕重的影響力。在此一訂價模式的環境中，價格競爭並不常見，而是著重非價格的產品競爭，以避免兩敗俱傷的雙輸局面（Reilly, 2003）。

　　（5-1）現行水準訂價法（going rate pricing）

　　　　　　這種定價法即不是從生產者考量也不是從顧客考量，而是從競爭者的價格作為自己定價的參考。這是依相對市場強度與關鍵競爭者產品的價格是比自己高或低，來作

產品製定價格的依據（Joyce and Morris, 1992）。這往往
是小規模廠商最簡單易行的定價辦法，它可反應出產業
界各廠商的競爭關係和優劣態勢。

當然，價格的訂定也非一成不變，必要時也需要加以調
整來因應環境的需求，此時參考價格（reference price）
就變得極重要。一般而言，參考價格可分為外部參考價
格與內部參考價格。

（5-1-1）外部參考價格

　　由市場上的通路所提供，又可細分為：與銷售
　　者價格比較、與製造商價格比較、以及與競爭
　　對手比較的價格。

（5-1-2）內部參考價格

　　存於消費者記憶中的價格。

　　價格是學生與家長接觸園所時的第一印象，故幼教機構對此特別需
要謹慎的規劃與訂定，仔細考量自身條件與限制，才能在日益競爭激烈
的經營環境中立於不敗之地。

參、預估未來營收

　　經由前述兩節的分析，幼教機構的未來營收立即可由單位教育成本
與收費標準推估而得。以經濟學的觀點而論，若機構以追求利潤為目
的，其收入與成本的關係式為：

利潤 ＝ 總收入 － 總成本
利潤 ＝（單價×銷售數量）－（總固定成本＋總變動成本）
會計利潤 ＝ 總收入 － 外顯成本
經濟利潤 ＝ 總收入 － 外顯成本 － 隱含成本

　　其中之外顯成本（explicit cost）即為會計的帳面成本，而隱含成本
（implicit cost）即是資源移轉到組織的機會成本，倘若正好等於會計利
潤，此利潤稱為正常利潤。機會成本的定義是將資源用於某一種用途的

成本，亦即是本來可以將這些資源作其他用途的選擇當中，具有最高價值用途之市場價值（張清溪，2003）。我們可用一個簡單的例子進一步解釋，假設小院士幼稚園一個月賺 23 萬元，今天園長決定預算花 10 萬元出國進修一個月，請問園長選擇出國進修的機會成本會是多少呢？先假定進修的滿足感全部取決於金錢的多寡，同時，還要假定出國進修就沒有那 23 萬元的收入。因此出國進修直接花掉的是 10 萬元，而且又少賺 23 萬元，所以，外顯成本 10 萬元加隱藏成本 23 萬元等於機會成本 33 萬元，又稱經濟成本，而其中 10 萬或 23 萬都只是機會成本的一部分。因此，經濟學考慮機會成本時，在完全競爭與獨占性競爭市場環境，長期只有會計利潤（正常利潤），而沒有經濟利潤（超額利潤）。

在考量評估投入成本與定價模式之後，還可運用邊際分析（marginal analysis）作更詳細地檢視邊際成本與邊際收入的關係。邊際成本是指每增加生產一單位的產品後，總成本的變化數額；邊際收入是指每增加銷售一單位的產品後，總收入的變化數額（Mankiw, 2003）。

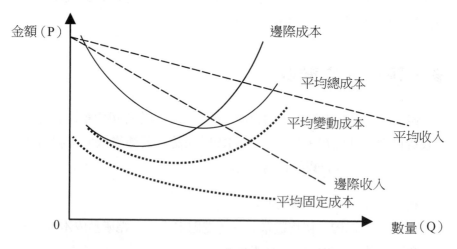

圖 5.2　成本收入關係圖

圖 5.2 顯示了邊際分析的各項成本與收入及其與數量的關係。邊際成本平均成本曲線皆呈拋物線，基本上，只要邊際成本比平均成本少，平均成本曲線就會繼續遞減；而當邊際成本比平均成本多時，平均成本

曲線就會開始增加。而平均收入及邊際收入曲線則呈直線下降狀態，亦即組織每多銷售一單位，其所帶來的收益要比先前一單位所帶來的收益少。邊際報酬率遞減法則（law of diminishing marginal returns）明確陳述當更多的變動資源加入生產，而固定資源不變，則最終會造成總產出與收益的遞減（Mankiw, 2003）。此外，當產品的價格下降，產品的需求會增加，因此銷售數量增加。但總收入是否會增加，還需考量需求彈性，若需求彈性大於 1，則價格下降而總收入會增加；若需求彈性小於 1，則價格下降而總收入卻減少。

$$需求彈性 = 需求量變動百分比 / 價格變動百分比$$
$$= (\triangle Q/Q) / (\triangle P/P)$$

一般而言，幼教機構的需求彈性皆大於 1。此外，在邊際收入大於邊際成本下的任何產量，每增加生產一單位，會使機構的利潤增加；反之，在邊際收入小於邊際成本下的任何產量，每增加生產一單位，會使機構的利潤減少。因此，機構會在邊際收入等於邊際成本下達到均衡，因為這個銷售量會使機構最後的利潤最大（Jones, 2004）。邊際分析可提供園所管理人員在制定價格與預估營收時的有用參考依據，特別是對具擁有詳細歷史成本與收益紀錄資料的現有產品而言，更能提供準確的參考資料。

第二節　經濟環境分析

壹、金融環境

近年來由於金融環境面臨經濟成長趨緩與不動產價格長期下跌等循環性調整問題；以及資產泡沫化與產業大量外移等結構性調整問題，再加上同質性金融機構數量過多與商品創新能力不足，皆直接影響金融機構債權及獲利情形，亦對於整體金融業之資產品質及競爭力均有不利之影響。因此，健全金融機構之財務資本結構、建立國際規範之金融監理

制度、以及建構金融市場之公平交易環境已是目前刻不容緩的迫切議題。

　　一般而言，金融環境的主要成員包括資金需求者、資金供給者、金融市場及金融機構，資金的供給者與需求者透過金融機構在金融市場進行資金的移轉，使資金的運用更有效率（Mishkin and Eakins, 2000）。陳隆麒（2004）指出資金需求者包括政府、機構與個人，因此利用金融市場發行權益證券或負債證券等金融工具取得資本，而金融市場再透過各種金融機構將金融工具轉售給資金供應者。由於資金供給有限，利率是透過資金的供需所決定。當資金的供給大過需求時，利率會下降；反之當資金的需求大過供給時，則利率會上升。因此。金融市場利率的高低決定資金需求者使用資金所需付出的代價，其亦會影響資金供給者提供資金的意願（Ritter et al., 1999）。

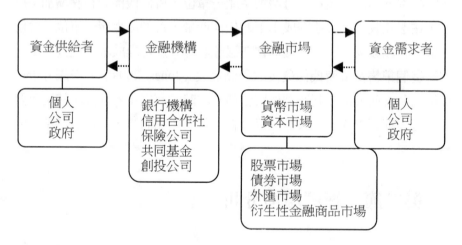

圖 5.3　金融環境資金供需關係圖

　　其中之金融市場的主要功能在調節資金的供需，使經濟體系資金達到最有效率的配置。因此在機能健全的經濟體系中，必須存在著多種不同類型的金融市場，以滿足各層級的金融交易。金融市場的分類標準與類型進一步簡述如下（Grinblatt and Titman, 2001; Saunders, 2003）：

（一）依據金融商品到期日分類為貨幣與資本市場

市場中交易的金融商品到期日在一年以內者稱為貨幣市場（money market），一年以上者稱為資本市場（capital market）。

（二）依據資產交易期限分類為即期與遠期市場

即期市場（spot market）意指買賣現貨金融商品，在交易完成後兩日內馬上交割，此市場亦稱為現貨市場。遠期市場（forward market）意指買賣未來交割的契約，交易完成之後須等到未來某一特定時日才進行交割，交易工具包括遠期契約（forward contract）、期貨（future）、選擇權（option）與金融交換（swap）市場等。

（三）依據資產流通層級分類為初級與次級市場

初級市場意指透過承銷商發行證券募集資金的首次交易市場，此市場亦稱為發行市場或又稱為承銷商市場。此證券的後續交易場所即為次級市場，亦稱為公開市場，其包括集中市場與店頭市場（over-the-counter market, OTC）。

（四）依據資產形成性質分類為基礎資產與合成資產市場

基礎資產分為原始資產（primary asset）與衍生性資產（derivative asset），原始資產涵蓋融資性資產與實體資產，例如，股票、債券、貴金屬、房地產等；而衍生性資產則由在現貨市場交易之標的或其價格衍生而出的金融商品，例如期貨、選擇權、交換等均屬之。而合成資產（synthetic asset）則是將基礎資產以組合或分割而創造出來新型態的資產。例如，信用連結結構化債券即是一般型信用衍生性金融商品與傳統固定收益證券所組合之結構性合成資產。

（五）依據交易組織層級分類為盤商、承銷商、交易商、與拍賣市場

依搜尋交易對象之難易程度可將金融市場區分為盤商市場（agency market）、承銷商市場（brokerage market）、交易商市場（dealer market）、及拍賣市場（auction market）等四類。前兩者屬於未公開市場，

後兩者屬於公開市場。最低交易組織層級為盤商市場或稱直接尋覓市場
（direct search market），意指交易雙方直接或透過私人仲介盤商交易有
價證券；第二層級的承銷商市場則由承銷商提供勞務撮合交易雙方，例
如在初級市場以包銷模式（firm-commitment underwriting）或代銷模式
（best efforts underwriting）首次公開發行證券（initial public offering,
IPO）給投資大眾；第三層級的交易商市場是指交易商事先購買多種金
融資產，再轉售給投資人，以賺取買賣價差（Ritter et al., 1999），例如
次級市場中之店頭市場；最高層級的拍賣市場，其交易活動均集中在特
定場所競價拍賣，例如次級市場中的集中市場。

　　原則上，台灣的資本市場依證券交易法第六條定義可劃分為初級市
場及次級市場，同時亦規定證券商劃分為承銷商、自營商及經紀商，其
中承銷商即是從事初級市場業務，自營商及經紀商則是從事自營買賣及
居間、行紀等次級市場業務。一般所稱之綜合券商即是同時涵蓋此三項
業務之證券商。事實上，組織股票上市或上櫃，不但可直接自資本市場
募集資金以應付不同的財務需求，還可強化長期資本結構、減輕利息支
出成本外，更可提高企業知名度，對組織財務狀況具有極正面意義。然
而，目前台灣幼教機構之經營規模皆屬中小企業，實可仿效國外大型幼
教機構轉型為資本與創新密集產業，追求長期穩定經營。

貳、經濟指標

　　經建會所編製的台灣景氣指標是景氣預測工具之一，其中之景氣對
策信號是根據五項實質面指標與四項金融面指標編製而成。其中每項指
標最低至最高得分為 1 分到 5 分，九項指標的得分總和就是景氣對策信
號的綜合判斷分數，再區分為五種信號燈來表示景氣的好壞與變化：

　　45～38 分：「紅燈」，表示景氣過熱。

　　　　　　　政府宜採適當的緊縮措施，讓景氣回穩。

　　32～37 分：「黃紅燈」，表示景氣活絡，但短期內有轉熱的可能。

　　　　　　　政府不宜再採刺激經濟成長的政策。

　　23～31 分：「綠燈」，表示景氣穩定。

政府應採取能穩定促進成長的措施。

17～22 分：「黃藍燈」，表示景氣欠佳。

政府應適時採取擴張措施。

9～16 分：「藍燈」，表示景氣進入衰退。

政府有必要採取強力刺激景氣復甦政策。

若欲進一步了解總體景氣變動的情形，則須使用更多經濟指標分析。總括而言，2002 年因全球金融市場震盪不穩與失業率居高不下，國內民眾消費心態轉趨保守，民間消費僅成長 1.9 ％；民間投資亦因經濟前景不明與傳統產業外移的雙重影響，僅成長 1.6 ％。全年國民生產毛額 9 兆 9,889 億元，折合 2,889 億美元；平均每人生產毛額 44.6 萬元，折合 1 萬 2,900 美元。去年上半年國內經濟受到美伊戰爭及 SARS 疫情因素之干擾，使民間消費及投資成長低於預期，上半年經濟成長率僅 1.72%（中華經濟研究院，2003）。自去年下半年起，隨著不確定因素逐漸消弭，國際經濟逐漸復甦與產業分工專業化盛行，對外貿易與高科技產業生產已擺脫衰退陰影，故整體經濟情勢逐漸回穩。雖然，國際原油、塑化與鋼鐵等工業原料價格波動上揚趨勢明確，但因全球市場競爭激烈，我國出口物價仍呈下跌趨勢，致使全年躉售物價僅微升 0.1 ％（證券基金會，2004）。

但是，近日因伊拉克與中東情勢緊張，石油價格連續暴漲，全球通貨膨脹危機再現，今年以來美國聯邦準備理事會已無預警升息 3 碼，美國與大陸將宏觀調控緊縮貨幣市場，以及京都協議生效與加入 WTO 之 2 年緩衝期已滿，在一連串不確定因素衝擊下，國內經濟成長率勢將受影響，但樂觀預估今年仍可望維持去年之經濟成長率水平。若加上國內失業狀況能持續改善，預測 2004 年全年之民間消費將可能較往年微幅成長，對政府歲入稅收與教育資源分配將帶來正面助益。故依據經建會公布之經濟指標彙整如下：

經濟指標	數據資料	調查時間	變化情況
景氣對策信號分數	32.0	2004/09	↓
領先指標(綜合分數)	107.8	2004/09	↓
Real GDP 年成長率	3.3%	2003/12	↓
工業生產指數年增率	8.1%	2004/09	↓
消費者物價指數 CPI	102.5%	2004/10	↑
躉售物價指數 WPI	113.9%	2004/10	↑
定額餘存(億元台幣)	101,332.5	2004/09	↓
通貨發行額(億元台幣)	8,317.8	2004/09	↑
外匯存底(億美元)	2,350.3	2004/10	↑
股市月交易總額(億元台幣)	16,367.0	2004/10	↓

其他重要之經濟指標與影響簡列如下（Clements and Hendry, 2002; Diebold, 2003; Stock and Watson, 1993）：

(1)失業率

上升表示景氣轉弱，預期利率可能調降，貨幣基數將可能放鬆，以刺激經濟成長，使台幣幣值可能下跌。

下降表示景氣熱絡，預期利率可能調升與實施緊縮信用政策，以壓制通膨。

(2) 領先指標

上升表示經濟前景看好，信用需求增加。

下降表示經濟前景看淡。

(3) 個人收入

上升表示消費需求增加，物價因而上揚，亦會牽動利率上升。

下降表示消費減低，經濟活動減緩。

(4) 消費者物價指數/生產者物價指數

上升表示物價上漲，通膨現象升高，利率上升。

下降表示物價下跌，通膨壓力減低，利率下降，公債價格上漲。

(5) 非農業就業人口數

上升表示消費能力提高，通膨壓力增加。

下降表示消費能力降低，通膨壓力減低。

⑹ 貿易赤字

上升表示進口大於出口，經濟活動狀況不良。

下降表示經濟成長良好，幣值升高。

⑺ 耐久材訂單

上升表示加速經濟活動促使貸款需求增加。

下降表示經濟活動減緩。

⑻ 零貨銷售率

上升表示消費增加，景氣熱絡，預期將實施緊縮政策。

下降表示消費減少，經濟活動減低，貸款減少，利率下降。

⑼ 房屋開工率建照許可證

上升表示經濟成長看好，貸款需求增加，可能促使利率上升。

下降表示經濟成長趨緩。

⑽ 國內生產毛額 GDP

上升表示經濟成長良好，貸款需求增加，刺激利率上升，台幣價
格上揚。

下降表示經濟成長緩慢，預期實施寬鬆信用政策以刺激經濟。

參、人口趨勢

民國 91 年台灣總人口為 2,249 萬人，人口成長率續降至 0.51%，為
歷年新低，出生率亦漸次下滑，五年間下降 0.41%，降至 2002 年之
1.1%。6-21 歲學齡人口比例由 2002 年之 24.0%，逐年下降約 0.2%，故
未來學齡人口數量將漸趨遞減。預估 50 年後，6-11 歲國小學童將減少
約 40%的人數，12-17 歲國中及高中青少年減少約 38%，18-21 歲大學階
段青年人數，亦將面臨減少二分之一之情況（主計處，2003）。因受出
生率下降影響，人口老化速度甚快，1995 年初，台灣總人口的平均年齡
約 29 歲，2003 年底，台灣總人口的平均年齡已約 34 歲，快速往中年邁
進。台灣老化速度已經世界第一，超越原居世界第一位的日本，我國已
正式邁入聯合國定義之高齡化社會。

因為近幾年來出生率在經濟不景氣與高失業率的衝擊下也屢創新

低，目前已位居世界最低，平均每位育齡婦女生育率，下降到約 1.3 個
小孩，比東京、巴黎等世界都市還低，適逢生育年齡的年輕一代，愈來
愈不願承受生兒育女的負擔。然而新移民之子正以驚人速度增加，目前
每七個新生嬰兒中，就有一個是新移民的小孩。當這些小孩子長大進入
幼教機構就讀後，因其父母親處於先天文化與經濟的弱勢，不少新台灣
之子將面臨學習溝通障礙與價值觀迴異的問題，已經成為未來教育與社
會關心的焦點。

　　此外，台灣的離婚率，也像人口老化與新台灣之子一樣，以驚人的
速度增加。20 年來，台灣的離婚率成長 7 倍，近 5 年來更是成長快速，
目前是每 3 對結婚，就有一對離婚。導致單親兒童及少年數量從 1944 年
31 萬 5 千名生活於單親家庭兒童，逐年增加到 1998 年的 37 萬 7 千人，
約占當年兒童人口的 5.74 ％，亦即每 17 位小孩有一個是單親子女。此
外，如以 1994-1998 年之「家庭收支調查」計算生活於「貧窮家戶」之
兒童，則可以發現貧窮兒童及少年人口比例變化近三年呈現遞增現象，
從 6.16 ％略增至 6.31 ％，三年來大致維持每十六位兒少中即有一位為
生活於貧窮家戶（薛承泰，2001）。總而言之，人口結構的改變對於未
來社會、教育、經濟、文化、醫療及安養問題之衝擊值得關注與提早妥
善規劃，因為人口趨勢的劇變對幼教機構經營的衝擊不可言喻。

肆、統計數據

　　統計資料是經由調查與蒐集宏觀與微觀角度資料，再利用統計方法
研究分析所得之客觀數據。透過統計資料可真實反應社會現象及趨勢，
以供決策參考之用，故統計數據對經營管理之重要性已不可言喻。重要
之統計數據來源簡列如下：

類別	種類	單位	資料	資料涵蓋時間
人口概況	戶籍登記人口數	千人	22,633	至 2004 年 5 月
	粗出生率	千分比	8.62	至 2004 年 5 月
	粗死亡率	千分比	5.41	至 2004 年 5 月
經濟概況	平均國民生產毛額	新臺幣元	120,141	2004 年第 1 季(P)
	平均國民生產毛額	美元	3,596	2004 年第 1 季(P)
	平均每人國民所得	新臺幣元	108,699	2004 年第 1 季(P)
	平均每人國民所得	美元	3,253	2004 年第 1 季(P)
	經濟成長率	百分比	6.28	2004 年第 1 季(P)
	國民儲蓄率	百分比	23.46	2004 年第 1 季(P)
	出口	新臺幣百萬元	523,039	2004 年 5 月(P)
	進口	新臺幣百萬元	484,381	2004 年 5 月(P)
	外匯存底	億美元	2,290.0	至 2004 年 5 月
政治概況	政黨數	個	102	至 2003 年
	社會團體數	個	5,467	至 2003 年
	職業團體數	個	374	至 2003 年
	邦交國數	個	26	至 2004 年 4 月
文教概況	教育經費占 GNP 比率	百分比	5.87	2003 年
	公共圖書館數	個	512	2002 年
	報社	家	708	至 2003 年 12 月
	雜誌社	家	4,895	至 2003 年 12 月
	通訊社	家	949	至 2003 年 12 月
	出版社	家	7,545	至 2003 年 12 月
	有聲出版業	家	5,377	至 2003 年 12 月
	廣播電臺	家	174	至 2003 年 12 月
勞動概況	勞動力	千人	10,176	至 2004 年 4 月
	勞動力參與率	百分比	57.42	至 2004 年 4 月
	失業率	百分比	4.36	至 2004 年 4 月

備註：(P) 值表示初步估計數。本資料參考行政院主計處出版之「中華民國統計月報」、
「中華民國統計年鑑」、內政部之「中華民國臺閩地區現住戶口統計表」及新
聞局之「業務統計小冊」。

此外，數種重要統計數據資料庫之網站簡列如下：

(1) 中華民國重要社經指標：**http://www.dgbasey.gov.tw/statist/stat1.htm**

中華民國重要社經指標其宗旨在按月提供我國台灣地區各項最新
基本統計，包括人口概況、人力資源、生活環境、社會保險、國
民經濟、財政金融及景氣與物價等。

(2) 行政院主計處：**http://www.dgbasey.gov.tw/**

提供國家預算、預算執行、國情重要統計、全國相關統計網站連結、全國普查資料庫查尋等，可利用關鍵字查尋所需之資訊，並提供統計數據資料庫檢索，包括進出口貿易統計、金融統計、工業生產統計、國民所得統計、固定資本形成、物價統計、人力資源統計、薪資與生產力統計等。

(3) 教育部統計處：**http://www.edu.tw/eduinf/data/statis.htm**

提供全國重要教育統計資訊，包括各級學校基本統計與調查資料、國內教育統計資料、教育經費分配、國際比較結果、以及其他教育相關資訊等。

(4) 財政部金融局全球資訊網：**http://www.boma.gov.tw/**

提供金融統計資料，包括金融統計指標、金融機構財務統計、信用卡業務統計、基本金融資料、縣市金融統計等相關資訊。

(5) 經濟部統計處：**http://210.69.121.6/gnweb/**

提供各種經濟統計，包括主要國家經濟指標、總體經濟、對外貿易、工商業生產、投資、勞工與工資、物價金融財政等。另建置一經濟統計資訊網路查詢系統，可查詢工業生產統計資訊，用以衡量我國主要工業產品的產銷存量消長情勢。

(6) 貿易統計資料：**http://www.trade.gov.tw/stat/stat_index.htm**

提供我國進出口貿易統計、外銷訂單資訊、對外貿易統計等；以及各國經貿動態指標，內容涵蓋美洲、亞洲、中東、非洲、歐洲、澳洲等地。

(7) 農業統計：**http://stat.agstat.agron.ntu.edu.tw/**

提供農業統計、性別統計、農牧業統計、農業總體統計、農產貿易統計等統計資料。資料庫包括農業統計資料庫、產銷服務系統及相關網站連結；農業統計刊物包括農業統計年報、月報、要覽及糧食供需年報等。

(8) 能源供需統計：**http://www.moeaec.gov.tw/**

提供能源供需統計、加油站汽柴油銷售統計、汽電共生裝置容量統計、公用氣體燃料事業氣體售價表、車輛油耗測試資料統計。提供年資料、季資料、月資料。

⑼ **WDI 世界經濟指標統計資料庫：http://publications.worldbank. org/WDI/**

　　提供從 1960 年追蹤至今全球 200 多個國家涵蓋超過 590 種資料。內容包括社會、經濟、財務金融、自然資源以及整個大環境的統計數據。

⑽ **GDF 全球財經統計資料庫：http://publications.worldbank.org/ GDF/**

　　提供全球包括 138 國之各國財政及財務金融相關數據，包含外債儲量與流量和主要經濟體以及新的債務平均期間的關鍵負債率、貨幣供給率變化、貨幣性質的長期負債、負債的調整、與負債排程服務的推算。

⑾ **Human Development Report：http://hdr.undp.org/statistics/de- fault.cfm**

　　提供聯合國（United Nations）每年發佈之人類發展報告（human development report）中，以 HDI（human development index）指數綜合評估全球各國社會福利及生活水準之高低。

⑿ **Census Bureau International：http://bized.ac.uk/dataserv/idbsum. htm**

　　提供美國人口調查局針對全球 227 個國家之人口及社會與經濟統計資料檢索。

　　事實上，任何產業均應持續關注國家總體經濟、產業動向、管理模式以及競爭對手的發展外，還需特別對於影響台灣未來發展的各種社會、教育、環境、政治、環保、人口、科技、及倫理道德等議題加以注意，因為每一個產業的發展均深深受到社會其他領域的綜合影響。

第三節　成本效益分析

壹、現值計算

　　每個人都知道貨幣現在與未來的價值絕對不一樣。舉例來說,如果您今天將 100 元存入銀行,以年利率 3%來計算,一年後您 100 元的未來價值(future value)為 103 元。反之您若以此種方式評估未來財產的價值的話,則一年後 103 元的現在價值(present value)即為 100 元。因此,貨幣的時間價值可從三個面向探討,從投資面來說,在特定利率下,投資利得會隨著時間流逝而成長,也就是日後獲得的本利和總額必定會隨利息所得而增加;從消費面來說,延遲現在消費必須獲得某種程度的補償,也就是日後得到必須比現在的還多以彌補消費降低的遺憾;從價格面來說,商品的價格大都是時間的遞增函數,也就是物價膨脹會降低了未來同樣金額的實質購買力(Ritter et al., 1999)。

　　由以上的概念可得求取未來值的公式如下:

$$FV = 未來值 = 現值 \times (1 + 利率)^{期數}$$

　　由上式移項即可得求取現值的公式如下:

$$PV = 現值 = 未來值 \div (1 + 利率)^{期數}$$

　　未來值與現值實為一體兩面,未來值計算是計算現在固定金額在未來的價值,而折現(discounting)則是將未來金額換算成為現在價值的計算過程,而利率連結貨幣今日與未來價值間的關係。然而,不止利率水準的高低對未來值與現值會有影響外,利率的計算方式亦有絕對性的影響(Burton and Lombra, 2002)。如果銀行只單純計算原始投資額的利息,本金將保持不動,每期滋生的利息也將固定不變,此種利率計算方式稱為單利(simple interest)計算。相對地,若這一期產生的利息,在下一期的利息計算時會轉換成本金,也就是本金會隨時間過去而增加,

賺取的利息收入也加入投資再賺取利息，透過利息賺取利息的利率計算
方式稱為複利（compound interest）計算。若將上述觀念轉換到現值計
算，利率變為折現率（discount rate），折現率代表是其他投資的報酬
率，因為持有該筆資金等於放棄其他投資可得到的報酬率，換言之，也
就是資金的機會成本，但是同樣一筆資金會因為投資的標的或方式不同
而有不同的報酬率，也就有不同的折現率。因此，我們可以利用簡單的
算式比較單利與複利對未來值與現值的影響，結果列於表 5.1 中。

時間期數	未來值		時間期數	現值	
	複利	單利		複利	單利
0	100.00	100	30	100.00	100.00
1	103.00	103	20	74.41	84.21
2	106.09	106	10	55.37	68.42
3	109.27	109	5	47.76	60.52
4	112.55	112	4	46.37	58.95
5	115.93	115	3	45.02	57.37
10	134.39	130	2	43.71	55.79
20	180.61	160	1	42.44	54.21
30	242.73	190	0	41.20	52.63

表 5.1　複利與單利對未來值與現值的影響比較

　　如上表 5.1，在本金為 100 元與利率皆為 3 %的條件下，在第一期
期末單利與複利的未來值皆為 103，兩者的未來值是相等的，其關鍵在
於兩者的本金在此時是相同的，但等到了第二期期末時，單利的未來值
為 106，複利者則為 106.09，差異的原因在於單利的計算中，本金依舊
維持 100，但是在複利中，第二期的期初本金已經增加為 103，我們可
以發現到在第 30 期時，單利的未來值僅為 190，但是在複利的計算下，
未來值已增加到 242.73，兩者的差異會隨時間的進行而加大。相對地，
若 30 期之後的價值為 100 元，在利率皆為 3 %的條件下，複利折現的
現值僅為 41.20，但是在單利折現的計算下，現值僅降低到 52.63。在折

現的過程中，複利的現值遠小於單利的現值，因為利息加乘的折現計算亦會使兩者的差距隨時間而擴大。以下我們將藉由圖 5.1 來進一步說明現值，終值與單利、複利間的關係（Mishkin, 2003）：

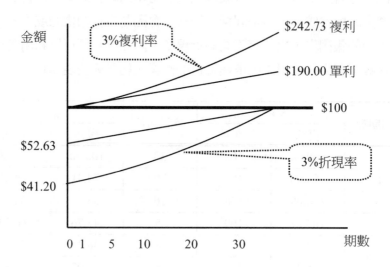

圖 5.4　單利、複利與折現值、未來值關係圖

　　由圖 5.4 可以發現在沒有貨幣的時間價值情形下，今日的$100 到第 30 期仍然維持$100 的價值，但若是每期 3 %的利息，若以單利計算，到第 30 期可以達到$190，若同樣金額而以複利記算，則到第 30 期金額可累積到$242.73。從另一個角度來看，第 30 期的$100 元，若在必要報酬率為 3 %，也就是折現率為 3 %的條件下，換算成現在價值應只剩$41.20，換句話說，今日的 $ 41.20 在利率為 3 %的情形下，在第 30 期將複利成為$100 元。

貳、評估指標

　　運用成本效益分析之最終目的是確保資源的有效配置。當面臨必須在許多投資項目中作抉擇時，幼教機構亦應如個人一般去追求組織淨效益最大化，以達到資源最佳配置的目標。因此，有限資源不但應確保在

相互競爭的部門之間有效配置（efficient allocation），亦應在相互排擠的支出項目之間有效運用（efficient utilization）。基本上，成本效益分析可以分為三個步驟：第一是確定一項投資計畫之成本與效益；第二是經濟成本與效益之估算；第三是成本與效益之比較（Boardman et al., 2000）。成本效益分析之評量公式可以下列方式展現：

$$NPV = \sum_{t=1}^{n} [\ (B_t - C_t)\ /\ (1+r)^t\ ] - ICC \qquad t = 1, 2, \cdots, n$$

其中 NPV 為預算限制下產生的淨效益現值（net present value）

B$_t$ 為第 t 年所產生的效益（benefits）

C$_t$ 為第 t 年所投入的成本（costs）

ICC 為最初的資本投入（initial capital costs）

$1/(1+r)$ 為折現率等於 r 之折現係數（discount coefficient）

t 為分析的項目之時間序列指標（time series indicators）

從上列公式中，可以推斷出幾個相關數值：

⑴ $\sum C_t + ICC$ 為分析期間所投入的總成本，亦即最初的資本投入加上第 t 年所持續投入的成本總值。基本上，園所投入成本依其不同特性而可分為下列五類：根據成本支出的目的可分為直接成本（direct costs）與間接成本（indirect costs）；根據成本支出的主體可分為社會成本（social costs）與私人成本（private costs）；根據成本支出的性質可分為資本成本（capital costs）與經常成本（current costs）；根據成本支出的度量單位可分為貨幣成本（monetary costs）與非貨幣成本（non-monetary costs）（蓋浙生，1994）；根據成本支出的型態可分為要素成本（factor costs）與機會成本（opportunity costs）。換言之，所支出的全部實有資源費用皆需併入計算。

⑵ $\sum B_t$ 為分析期間所產生的總效益，亦即園所選擇發展策略所產生之未來經濟效益。無論是教育成果的改變、附加效用的收益、或經費支出的節省，皆需併入考慮。

⑶ $1/(1+r)$ 為折現係數。折現率（discount rate）r 的意義在於連結現在與未來所得的時間價值。因此，r 之選擇對成本效益分析結果

極為重要。選擇不同折現率評估教育投資成本與效益之間的關係時，其結果將會有差異。

(4) $\Sigma C_t/(1+r)^t + ICC$ 為分析期間所投入的總成本之現值（total present costs）。即依據(1)項中之全部投入資源成本費用，依其支出期間折現加總而成之現值。

(5) $\Sigma B_t/(1+r)^t$ 為分析期間所產生的總效益現值（total present benefits）。即依據(2)項中之全部效益產出價值，依其產出期間折現加總而成之現值。

(6) $\Sigma R_t - C_t - ICC$ 為分析期間可能產生的淨效益總值，乃是未將折現係數考慮在內之淨效益加總價值。

運用上述之成本效益分析公式評量幼教機構園所未來發展規劃與預算編製，不但利用投資機會成本的觀念將未來發生的成本效益均以投資基礎年的貨幣價值計算，同時也將整個方案執行期間所有的成本效益一併考慮。更可以簡易地把各種不同類型之教育成本資料和各種內外部效益資料合併在一起加以檢討比較，為園所計畫決策者提供擬訂合理政策所需要之有用資料。依計算方法不同，常用之分析評估指標可分為淨效益現值基準（benchmark of net present benefits）、內部報酬率基準（benchmark of internal rate of returns）、以及效益成本比基準（benchmark of benefit-cost ratio）（Boardman et al., 2000; Gramlich, 1997; Layard and Glaister, 1994）。

（一）淨效益現值基準

若評估結果發現淨效益現值小於零，表示此一選擇方案不具經濟效益；若評估結果發現淨效益現值大於零，表示此一選擇方案一定會帶來具貨幣價值的經濟效益。同時，淨效益現值愈大，則方案的經濟效益也愈大。此外，分析時尚需注意，折現率大對近期效益與遠期成本較有利；反之，折現率小對遠期效益與近期成本較有利。原則上，使用淨效益現值基準的優點為以貨幣的時間價值考慮整個方案存續期間所有的成本與效益；缺點為折現率對長短期效益之優劣無法明顯由淨效益現值判定（Boardman et al., 2000; Gramlich, 1997）。

（二）內部報酬率基準

在假定投資收益現值等於投資成本現值的情況下計算，所得之折現率即為內部報酬率（internal rate of return, IRR）。不同計畫方案的比較，以內部報酬率高者代表有效率之優良計畫方案。亦即

$$\sum_{t=1}^{n} Bt/(1+IRR)^t = \sum_{t=1}^{n} C_t/(1+IRR)^t + ICC$$

此時若 IRR > r，表示計畫資金使用效率高於其他配置，故計畫具有推行之經濟價值。反之，則不予推行。然而，解 n 次方程式可能出現多重解現象，以致決策者無法正確判定內部報酬率時，應回歸淨效益現值基準之評量指標。使用內部報酬率基準的優點為可避免因為選擇折現率而產生的缺失以及可提供決策者一個固定標準的投資報酬率百分比（Boardman et al., 2000; Gramlich, 1997）。

（三）效益成本比基準

利用效益現值除以成本現值，其所得之商數必須大於一，才是經濟可行之效率計畫方案，其比值愈大，則方案的經濟效益也愈大。

$$B/C = [\sum_{t=1}^{n} B_t/(1+r)^t] / [\sum_{t=1}^{n} C_t/(1+r)^t + ICC]$$

一般而言，使用效益成本比基準的優點為利用貨幣的時間價值考慮所有的成本與效益並提供兩者之間的關係；缺點為結果受折現率影響極大且無法提供淨效益之資訊（Boardman et al., 2000; Gramlich, 1997）。此法以相對效益來衡量計畫方案之可行性，亦可避免因過度重視效益與成本的絕對差額時，可能會誤選較無效率之計畫方案。因此，由以下成本、效益、淨效益的現值及效益成本比率的例子可以更清楚方案選擇時的注意事項（Nas, 1996）。

方案	成本現值 (1)	效益現值 (2)	效益成本比率 (2)：(1)	淨效益現值 (2)－(1)
A	100	250	2.50：1	150
B	500	900	1.80：1	400
C	250	500	2.00：1	250

　　若僅考慮淨效益現值時，方案 B 將會是最佳選擇，然而觀察效益成本比率，卻發現其結果是最低。因為淨效益現值只呈現最後總資訊，無法看出成本與效益之間的關係。同時折現率愈大則對方案之遠期效益愈不利，因此管理者若能將上述之三種評估指標作全盤考量與整體運用，將更有助於最佳決策之選擇。

本章小結

　　從教育生產面的角度來分析幼教機構成本之內涵，可採取會計成本之觀念，利用經常門與資本門會計帳目上各項貨幣成本數字估算園所教育成本，亦即在一定時間區間內將所有支出之成本項目加總計算後除以園所學童人數即為園所之學童單位成本。然而必須考量的成本支出項目數據涵蓋每月園所薪津支出、營運支出、教學支出、設備支出、辦公支出、租金支出、稅賦支出、以及交通支出；考量的收入項目數據包括園所學童人次與園所收入金額。事實上，精確統計各項支出與收入，比較分析實際營運成本與預估營運成本，及時改進以提高效率，使實際成本能更接近預估標準成本，以獲得到最具經濟效率營運模式及進一步了解園所經費流量及資源配置的情形。

　　近幾年來幼教機構不但要面對競爭對手激烈衝擊所帶來的營運風險，更要面臨少子化不穩定學生來源的人口現象。當經營環境突然有所變化時，即使有非常完善的教學課程及不斷的創新能力，但若未能做好成本控制與收入規劃，機構可能會因一時無法應變而導致失敗。Nagle、Holden 和 Holden（2002）亦明白指出正確的產品訂價對成本控制、產品製造或原料購買，以及生產數量等決策將產生關鍵性的影響，其結果攸

關組織機構穩定資金來源與營收損益。因此，幼教機構如何按照發展目標以制定合理的收費標準，實屬重要課題。本節一一介紹適用於幼教機構之收費訂價模式與策略，包括損益平衡訂價模式、市場競爭訂價模式、顧客需求訂價模式、成本導向訂價模式、與維持現況訂價模式。其中，成本導向訂價模式是最常見的訂價方法，亦分為目標報酬訂價模式與成本加成訂價法。一般而言，成本導向訂價模式簡單易行，但卻沒有考慮到顧客的需求與市場的競爭狀況。價格是學生與家長接觸園所時的第一印象，故幼教機構對此特別需要謹慎的規劃與訂定，仔細考量自身條件與限制，才能在日益競爭激烈的經營環境中立於不敗之地。

　　如前所述，幼教機構經營環境日益複雜與變化迅速。事實上，任何產業均應持續關注國家總體經濟、產業動向、管理模式以及競爭對手的發展外，還需特別對於影響台灣未來發展的各種社會、教育、環境、政治、環保、人口、科技、及倫理道德等議題加以注意，因為每一個產業的發展均深深受到社會其他領域的綜合影響。此外，本章亦提供邊際分析與成本效益分等經濟分析方法，期使幼教機構面臨決策抉擇時，能確保有限資源的有效運用，以達到資源最佳配置的目標。

第六章　策略

第六章　策略

第一節　資金管理策略

壹、現金流量管理

現金流量管理不只是指庫存現金的收支管理，還包括銀行存款及高流動性有價證券的追蹤與掌握。基本上，機構經營必定會保有一定的現金以備資金不足時可以立即填補資金缺口，不致發生週轉不靈或面臨倒閉的危機。然而持有過多的現金亦會造成機構的負擔，因為閒置的現金並無法產生收益，還可能因為通貨膨脹而使其購買力遞減。所以如何在維持流通性與追求報酬率之間取捨，是當前機構強化現金流量管理急欲達成的目標。

（一）強化現金管理流程

許多機構只注意獲利能力，而忽視對現金流量的重視。現金是機構活動的轉化觸媒，若機構現金流量充足可提高發展動力，若現金流量適中可維持正常運作，但若現金流量不足會導致經營危機。因此幼教機構與一般組織機構一樣應著重於提高資金週轉率與現金使用效能，其做法可分為加強資金預期管理、加速資金回收管理、與加緊資金存量管理（Bragg, 2003）。

⑴加強資金預期管理

根據年度預算規劃與發展目標，核定單位經營所需之資金需求量，並明確要求各單位對資金管理和使用責任，主動精打細算以控制支出與節約消耗。一般而言，組織機構持有現金主要是為了滿足下列三種需求

（Mishkin, 2003）：

（1-1）交易性需求

在日常園所營運中，幼教機構必須準備一些現金以應付支出的需要，以避免因現金不足而阻礙企業正常營運，現金的支出包括支付貸款、員工薪資、利息費用，所得稅等，而這些與機構交易性需求收支相關的現金餘額即稱為交易性餘額。

（1-2）預防性需求

由於未來的現金流量具有高度不確定性，其可預測性的程度高低亦會隨著機構和產業的不同而有所改變，故機構必須持有一定比例之現金以備不時之需，而這些以安全存量用為目的之持有現金即稱為預防性餘額。但機構為求高變現性以發揮救急功效，通常會將其存放於銀行活期存款帳戶，而放棄其他較高收益的投資標的。

（1-3）投機性需求

有時投資機會稍縱即逝，若園所可用資金皆為變現不易之長期投資或固定資產，將無法掌握機會。機構會為把握廉價購買原料或資產的機會而持有部分現金來滿足未來的投機性資金需求，創造更高的利潤，而為達到此目的所持有的現金即稱為投機性餘額。

因此在了解各部門現金需求的動機與目的之後，幼教機構可將資金做集中管理、核算、以及調控，強化園所資金的預期管理，在維持適當的變現性與追求較高的報酬率之間取得平衡，尋求最佳化之現金持有比例，以創造更高的資金收益。

(2)加速資金回收管理

機構要健全應收帳款催收制度，嚴格把關銷售資金的回收管理，減少資金動能的停滯或流失，建立一系列加速資金回收的方法和措施，以下將介紹兩種常用的方法（Horngren, 1993; Kimmel et al., 2003）：

（2-1）降低浮游量

浮游量即等於支票在外旅行天數乘上機構每天平均進出

之現金金額（Kimmel et al., 2003），因為機構開出支票
到收款人將支票兌現必須經過一段時間，其中包含傳遞
過程、兌現作業、以及票據交換等程序，因此若有完善
內部管理機制，可降低融資成本及加速資金周轉，進而
提高機構獲利能力。浮游量又可以機構現金帳上之餘額
與銀行存款中之金額相比較而分為正、負浮游量，正浮
游量是當幼教機構開立支票支付帳款時即產生，因為會
使機構現金帳上之餘額比銀行存款中之金額低；反之，
負浮游量會使銀行存款中之金額高於機構現金帳上之餘
額。無論正、負浮游量皆可善加運用以提高資金效能。

（2-2）提高交換率

建立快速現金作業流程，使兌現作業流程縮至最短，從
而再降低傳遞流程的時間（Blommaert, 1991）。例如由
銀行替機構設立劃撥帳戶或存款信箱，以便迅速將寄來
的支票立刻做票據交換。此外亦可透過訂立較短的收帳
期、折扣誘因以及設立更積極主動的催收部門加速應收
帳款的收帳過程。

⑶加緊資金存量管理

機構需制定良好的資金存量管理戰略，增強機構預防與化解資金危
機的能力。機構一方面要提高資金的周轉率，另一方面要控制現金流
出，更有效益地運用現有的存量資金。在不影響園所信譽的前提下，盡
可能延遲應付帳款的支付期，充分運用供貨廠商所提供的信用優惠。以
下將介紹三種常用的方法（Burton and Lombra, 2002）：

（3-1）定時票據支付

機構可選擇固定在每星期四或星期五開立貨款支付支票，
使受款人收到支票時為週末，造成兌現時間的增長，將
使機構多幾天的時間來運用資金。

（3-2）機構餘額移轉

若幼教機構有子機構或連鎖關係企業，可透過不同子機
構間之交易現金收付需求相互抵銷，而僅以抵銷後之餘

額做現金收付，以節省資金移轉的成本與風險。

（3-3） 集中付款帳戶

　　　　銀行通常會要求存戶在活期存款帳戶中維持某一最低無息存款餘額，以補償額外服務的成本，若帳戶分散於數家銀行亦會間接造成資源的浪費。因此幼教機構可將收支集中於一整合帳戶，不但可藉此清楚地掌控總額現金的收支，還可利用每天銀行結算帳戶餘額的服務，由銀行提供短期信用額度以補足帳戶餘額之差額；以及委託銀行將帳戶過剩餘額購買短期證券增加收益。

（二）判定最佳現金餘額

　　一般機構通常都會利用實現補償性餘額與預估交易及預防性餘額之比較差異作為最佳現金餘額判定的標準，若實現補償性餘額大於預估交易及預防性餘額，則以前者訂為最佳現金餘額；反之，則以後者當做最佳現金餘額（Garrison, 2001）。利用鮑莫模型（Baumol Model）對如何判定最佳現金餘額作進一步說明：

　　假設小院士幼稚園未來現金流出入量十分穩定且可以完全預測。

　　總成本＝現金持有成本＋交易成本

　　　　　　＝(平均現金餘額)(交易成本)＋(交易次數)(每次交易成本)

　　　　　　＝$(C / 2) \times K + (T / C) \times F$

　　其中，T=特定期間內機構為滿足交易性需求所籌到之現金總額

　　　　　　K=持有現金機會成本，等於有價證券報酬率或融資利率

　　　　　　F=出售有價證券或舉債時機構所負擔的交易成本

　　　　　　C/2=平均持有現金餘額

　　　　　　C*=經由出售有價證券或舉債獲得之最佳現金餘額

　　若小院士幼稚園預估一年的交易期間中，每週交易性需求所需之現金餘額為 62,500 元，該園所期初的現金存量為 200,000 元，因此估計在三週左右就會用完；而園所融資所負擔的交易成本固定為 1,200 元，此時市場上資金的機會成本為 8.25%，則小院士幼稚園應持有的最適現金流量可從則當 C 等於 C*時，現金持有成本達到最低 0 時估算，而 C*可

由上式移項求得,結果如下式:

$$C^* = (2TF / K)^{0.5}$$

因此,小院士幼稚園應持有的最適現金流量為 307,482.4 元。若園所每週交易性需求之現金餘額改採保守預估模式而縮減一半為 31,250 元,則該園應持有的最適現金流量亦變為 217,422.9 元,下降幅度約為 41.4%。因此由數字發現最佳現金餘額不會隨著交易性現金需求的減少而做等比例的減少。相同情形亦發生於融資交易成本,若小院士幼稚園發現較低成本之融資管道,其融資所負擔的交易成本下降一半至 600 元時,最適現金流量亦下降 41.4%成為 217,422.9 元。圖 6.1 可以更清楚說明各變數之間的交互關係。

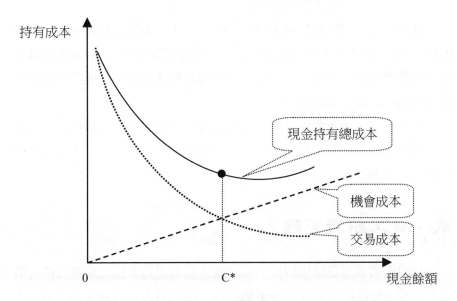

圖 6.1 小院士幼稚園最佳現金餘額判定圖

如果小院士幼稚園將最初所持有的現金餘額訂在比較高的水準,則其現金供應能維持園所運作較長的時間,故其出售有價証券或舉債的頻率也會相對減少,但平均現金餘額將會增加(Williams, 1999)。所以若園所將現金餘額的持有水準訂得愈高,該園所需負擔的交易成本亦會減少,但增加之現金餘額無法帶給投資利潤,因此平均現金餘額愈大,其

機會成本也愈高。

然而鮑莫模型（Baumol Model）認為未來現金流出量與流入量皆非常穩定之假設前提有時與現實經營現況相互牴觸，因此若將未來現金流量具不確定的特性帶入模型，則可利用米勒歐爾模型（Miller-Orr Model）評估。該模型假設每日淨現金流量呈現常態分配（Benninga, 2000），最佳現金餘額可由下式計算而得：

最佳現金餘額 $= (3F\sigma^2 / 4K)^{1/3} + L$

其中，F=固定交易成本

K=每日機會成本

σ^2=每日現金流量變異數

L=現金餘額持有下限

其中每日機會成本可由 $(1 + K)^{365} \times 1 = 8.25\%$ 推導得知，K = 0.00021721，約 0.0217%。此外，若每日現金流量標準差為 1,000 元且園所現金餘額持並無下限，則小院士幼稚園在此假設前提下應持有的每日最適現金流量為 16,061.6 元。

總而言之，園所要建立現金流量管理之主體觀念，根據經營需求合理調控籌集資金的配置和使用，選擇一個最佳的決策方案，提高現金效能和收益水準。

貳、員工薪資管理

幼教機構營運是以獲取經濟與社會效益為組織發展之基礎目標。效益著重投入和產出之關係，而組織中每一位成員皆肩負共同創造效益的職能。合理的薪資結構是激發園所教職員工努力奉獻的重要誘因之一，因此在符合機構財務能力前提下，如何因應外在變遷，採取有效協調與激勵措施，提高競爭優勢以確保永續經營，實為當務之急。

（一）薪資決定因素

有效的薪資結構需考量教職員工的能力、工作績效、與勞動市場的供需情形，因為其決定了機構可以獲得的教師之質與量，進而影響了組

織的成本結構與市場競爭力。一般而言，薪資架構的選擇方案有三大類，分為計時或計件制；屬職薪資、屬人薪資、或屬能薪資制；以及單一薪俸或複數薪俸制等。而給付名目項目範疇繁多，有直接的金錢給付如底薪、津貼、或獎金，亦有間接的金錢給付如各項福利措施（Mondy and Noe, 2004）。簡述如下：

(1) 直接給付名目

　　（1-1）底薪：由工作評價過程判斷對組織的貢獻而制訂的給付。

　　（1-2）津貼：因特殊工作、時段、地點或職位所增加的給付。

　　（1-3）獎金：在底薪之上，因個人生產力績效所增加的額外給付。

(2) 間接給付名目

　　（2-1）健康與安全保障辦法，例如政府所舉辦勞健康或是事業單位所舉辦之團體醫療等。

　　（2-2）員工服務與位階福利，例如帶薪假以及一般員工或特定職階所享有的福利等。

　　就人力資源管理的角度探究，最適之薪資結構為兼顧維持保健因子之生活需求與外部公平性的基本給付外，還需同時考量針對激勵因子之生產力績效給付與特殊津貼給付，因為激發激勵因子將有助於提高工作投入熱誠與績效展現。

　　除上述因素會影響薪資結構外，工作報酬亦受園所營運策略與組織文化以及勞動力特性與供需因素的決定。例如，現行勞動基準法對基本薪資的規定為 15,840 元，在經濟不景氣時，可能會對雇主雇用員工意願造成某種程度的影響。眾所周知，效益體現於收益和成本之中，現代薪資管理的效益創造，即要提昇收益和降低成本這兩個層面：

　　（A）合理薪資福利保障下，全力誘發教職員工智力、體力、和潛力之最大限度，積極發揮無限潛能，直接創造效益。

　　（B）完善組織結構構建下，有效協調人力運用，避免不必要之人力配置與投入，合理降低薪成本，間接創造效益。

　　其實施步驟依序為組成工作小組、制定基礎保健因子、定義工作執掌內容、決定激勵因子權數與價值、及評等所有職位。在依循公平公正

原則下，實行方法可分為下列三種（Mathis and Jackson, 2002; Mondy and Noe, 2004）：

⑴ **工作排列法**

工作排列法意指依工作重要性排列順序以訂定適當之工作報酬。

⑵ **工作分級法**

原則上，依工作性質與責任擔負分為四級，

（2-1）等級一：屬於簡單型實際操作者。執行職務時直接接受監管且不需獨立判斷；在專業或技術領域中屬於最基層的工作。

（2-2）等級二：屬於基礎型技能操作者。在直接監管下，使用有限的獨立判斷。

（2-3）等級三：屬於訓練型專業操作者。在直接或一般監管下執行較困難且需完全獨立判斷的工作。

（2-4）等級四：屬於負責型決策操作者。在一般的監管下執行困難且需完全承擔責任的工作；在專業或技術領域中屬於需要高度訓練與具備專業知能或經驗之工作。

⑶ **工作評點法**

強調幼教機構內部的貢獻價值認知系統以及報償因素與職責內容的相互影響，根據不同的職位角色與工作內容，建立機構內部不同的層級價值。

（二）薪資管理作業流程

薪資管理作業流程的主要目的是確實執行薪資預算編製、薪資控制分配、薪資架構修正、以及薪資績效調整等整套薪資管理計畫（Mathis and Jackson, 2002）。

⑴ **薪資預算編製**

在既定薪資架構與預期薪資走勢之交互作用下，以本年度實際薪資總額為基礎，運用校正因子與校正辦法，擬定下年度薪資總額之計畫預算。

⑵ 薪資控制分配

當薪資調整預算訂定之後，可運用薪資總額之百分比或薪資均衡指標作為根據，進行部門間之分配，再依各相關單位間的比重情形予適度調整。

⑶ 薪資架構修正

機構可依循主位政策、中位政策、或隨位政策觀點調整園所薪資架構，使其成為年初對計畫年度薪資總額之預算，以期符合與外界薪資市場定位之內部架構政策。

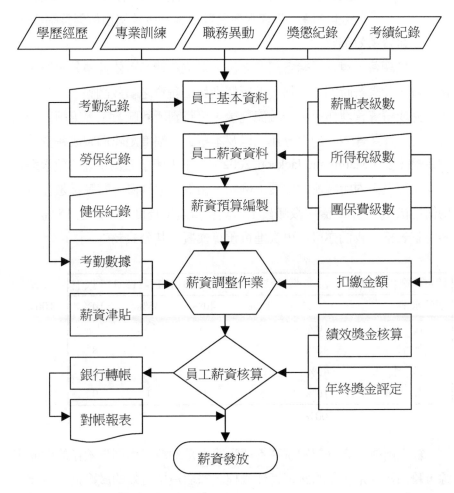

圖 6.2　小院士幼稚園員工薪資管理流程圖

（2-1）主位政策：為順應市場薪資走勢，主位政策架構意指年
度一開始就完全反映年度薪資預估調整幅度，才能在市
場不斷調整運作中，即使相對逐步滑落，但年終時仍能
與市場水準一致。

（2-2）中位政策：中位政策架構意指年度一開始就反映年度薪
資預估調整幅度的一半，因此與薪資市場一致的時間點
是在年中，到年底時又已落後市場水準一半。

（2-3）隨位政策：隨位政策架構意指不調整薪資，不順應市場
薪資走勢。那麼薪資架構只在計畫年初與市場走勢吻合，
至年終時，薪資水準已較市場落後整個預估調整幅度。

⑷薪資績效調整

一旦調薪預算分派給各部門之後，單位主管即可依據績效水準、服
務年資、及調薪時間等資料，進行個別員工薪資之績效調整。

完成薪資管理作業第一輪流程後，可將園所教職員工等第績效分佈
百分比，在薪等內分配百分比，以及本薪調整幅度矩陣編製成薪資績效
調薪矩陣表（Mathis and Jackson, 2002）。下表所示者為不同績效水準在
不同薪等級數內所調薪的幅度；例如，績效水準為優，薪等級數在薪資
均衡指標 90 之下的園所教職員工，其薪資調整幅度為本薪之 15 %，根
據完整表格，我們亦可以再次進行預算模擬，其公式為：

薪資均衡指標界疇		低於 90	91～100	101～115	115 以上	
績效水準		15%	40%	35%	10%	100%
優	10%	20	16	13	10	
標準	40%	15	12	10	8	
低於標準	40%	11	9	7	6	
需加強	10%	5	3	0	0	
	100%					

綜上所述，充分認知薪資管理實質上是幼教機構創造效益的動能來
源，藉由建立系統化的薪資管理流程，採取積極有效的激勵措施，充分
誘發教職員工之參與投入，將是重塑機構創造效益及持續發展的關鍵契

機。

參、機構稅務管理

　　許多幼教機構經營者常因為本身不太了解法規、請不起專業會計人員、對節稅的稅務處理沒有方向等原因，往往將報稅與會計帳務委外辦理。然而記帳業者往往並不了解園所真正的營運狀況及財務收支情形，為了方便帳務處理與雙方認知落差，而經常發生財務會計記錄不實或不全的糾紛，不但使財務報表與實質收付不符，且可能因違反商業會計法的規定，造成日後向銀行融資極為困難。

　　最常見的例子是機構為了節稅的目的而每年帳上都做成虧損，如果有連續三年虧損或負債超過資產導致淨值為負的情形，可能會造成銀行拒貸。為了避免委外記帳業者所編製的報表嚴重失真，造成融資上的困擾，機構最好能定期提供記銀行存款、應收帳款、應收票據、存貨等明細資料，使園所會計資訊能真實反映現況，而且可以作為管理決策的有用資訊。

　　雖然自主記帳才是園所發展的正確抉擇，但是幼教機構在成長過程中，有時仍可能會需要委由記帳業者處理報稅及帳務等相關事宜。在合作期間，園所管理人員必須要謹慎地與記帳業者相處，以避免機構暴露在稅務風險及財務風險之中。以下幾點是小企業業主與記帳業者相處時，必須牢記在心的（呂欣諄，2003）：

(1) 現金增資時必須要有實際的資金投入，不要用虛擬的資金證明做機構登記之依據。

(2) 收據發票開立不要假手他人，更千萬不可將空白發票交給記帳業者代為開立，一定要親手開立。

(3) 定期整理原始收支憑證，送交記帳業者時必須列冊點交。

(4) 要求記帳業者定期詳細記帳並於每月或每雙月編製試算表。

(5) 定期提供園所銀行存款、應收帳款、應收票據、存貨等相關財務資料給記帳業者，使園所會計資訊能真實反映經營現況。

（一）園所稅務規劃

　　每種稅賦都必須有稅基（tax base），以利課稅，而三種最常見的稅基包括：所得、財產及消費。以所得為稅基的所得稅（income tax）是很容易理解的觀念，意指在一個特定的時期內，納稅人依收入多寡支付一部分的收入給政府。財產稅是以某一資產價值為基礎加以課稅；最普遍的財產稅則是針對不動產價值課徵。因此，財產稅亦稱為從價稅（ad valorem tax）。消費稅是依據某種商品之數量所課徵的稅；最普遍的消費稅為銷售稅，其指產品之最後使用者，在購買該產品時，依該商品之售價所支付的稅金（Emery et al., 1997; Van Horne, 2001）。

　　對幼教機構而言，最重要的稅務規劃莫過於以稅前盈餘為稅基之營利事業所得稅。原則上，我們在損益表中可發現，機構將總收益扣除銷售成本、管銷及其他營運必須支出的費用，即可得到稅前盈餘（EBIT），而稅金的實際計算方式是依據財政部所得稅法中之營利事業所得稅之規定。事實上，個人或營利事業所得稅皆採累進（progressive）稅制的課徵方法。在累進稅制下，納稅義務人被課徵的稅率將會隨其應課稅所得提昇至另一較高之盈餘範圍而增加，也就是擁有較高收益的納稅義務人，會被課以較高稅率級距（tax brackets）的稅率。表 6.1 呈現我國目前營利事業所得稅的起徵額、課稅級距及累進稅率。若小院士幼稚園年度所得為 1;200,000 元，則其稅率級距為 25%。

營利事業所得額	稅率
$0 - $50,000	0%
$50,001 - $100,000	15%
$100,000 以上	25%

表 6.1　營利事業所得稅的起徵額、課稅級距及累進稅率表

　　此外，園所還應考量稅盾（tax shield），亦即藉由舉債融資所產生的利息，來減少稅務支出的效果。一般而言，機構對債務融資的偏好通

常優於權益融資，因為機構對債權人的利息支付有抵稅效果，反之，對股東的股利支付則無此種效果（Fabozzi and Peterson, 2003）。

以表 6.2 說明稅盾效果，假設在所有條件皆相同的情況下，有 A、B 兩家幼托園所，A 園所以債務融資；B 園所以權益融資。若兩園所之稅前盈餘均為 1,500,000 元、利息與股東的股利都是 300,000 元，則由表中可知 A 園所擁有之淨保留盈餘會大於 B 園所。其差異是因債務利息的關係，因為以債務融資的園所因利息支出可做為課稅所得的扣除額，因此所繳的稅較少，所以 300,000 元的利息可節省$75,000 元的稅金；而權益融資的園所是稅後支付股利，故無法減少其課稅額。

機構之融資方式	債券	權益
稅前息前盈餘	$1,200,000	$1,200,000
利息	300,000	—
稅前盈餘	900,000	1200,000
25%之稅率	225,000	300,000
稅後盈餘	675,000	900,000
股利	—	300,000
淨保留盈餘	675,000	600,000

表 6.2　債務融資與權益融資對幼教機構淨保留盈餘之影響

⑴ 園所稅務規劃之步驟

（1-1） 基本資料之蒐集

園所稅務規劃步驟之第一步為稅務單位基本資料之蒐集，資料蒐集之種類及來源包括教育局或社會局通報之各園所招生資料；稽徵機關派員實地訪查填載之業務狀況調查報告表；園所自行填報之招生狀況調查報告表資料；各保險公司函復稽徵機關之學童平安保險名冊資料（呂欣諄，2003）。資料蒐集之時間建議於上、下學期各調查蒐集一次，以求資料精確無誤。然而，蒐集之重點需完整涵蓋招收之才藝班或安親班，並確實掌握園所寒暑

假班的人數。仔細核對與記錄園所之學雜費、月費、才
藝費、以及代辦費等主要四大類之現金流入。

（1-2）基本資料之分析

了解園所行業特性及業務發展狀況為基本資料分析的重
點工作。規模較大之園所，其內部稽核及會計帳務處理
應較上軌道，有專人管理或聘請會計師處理帳務，並有
系統之整理、編號、裝冊保管內部及外部憑證，故其電
腦處理之財務報表正確性可信度高（Haugen, 2003）。因
此，管理者可運用現金流量表及損益表分析，調閱年度
調查報告書，比較前三年核定收入、所得與純益率之消
長，分析申報資料是否有誤。運用損益表之科目互相比
較查看各收入、費用有否大幅增減，以判斷有否科目移
用、矛盾、比率偏高偏低等問題存在。最後檢視上年度
調查報告書之收支情形及查核調整說明與核定內容以了
解業者納稅意願度，作為本期查核方式之參考依據（呂
欣諄，2003；Helfert, 1996）。

（1-3）資料報告之填寫

詳實填寫調查報告表等書面資料意味園所具有實事求是、
嚴謹縝密的園所稅務規劃（Blommaert, 1991）。其中數
字之正確性極為重要，學童名冊與教職員工名冊所填寫
之人數與金額一定要與相關文件絲毫不差。例如，學生
名冊所填寫之資料要與收支明細表之金額吻合。教職員
名冊所填寫之資料要與損益表所列人事支出費用總額一
致。

⑵園所收入支出之審核

（2-1）審核方式

收支審核之主要目的為歷年申報運用帳目分析針對收入
掌控與支出審查，以及再次檢驗收支之合理配置。

（2-2）認定標準

認定標準可分依實際查帳結果之核實認定；依年度收入

總額 28% 之書面認定；以及申報金額低於 1,500,000 元之
逕決核定。

（二）園所稅務申報

原則上，園所稅務申報由創辦人或負責人擇一申報，申報時要將各
項收支詳實填寫，並於平日完整留存支出憑證以利申報過程中列舉扣除
額，常用之扣除額上限如下：

(1) 房貸利息可列舉扣除 300,000 元

(2) 保險費每人可列舉扣除 24,000 元

(3) 捐贈可列舉扣除所得額的 20％

繳款書及扣繳憑單最遲於年底前辦妥，各類所得申報書應於一月底
辦妥，逾期申報會被罰款申報書總額的 15％ ，並應於 2 月 10 日前寄發
上一年度各類所得扣繳憑單或免扣繳憑單予納稅義務人。營利事業欲辦
理資產重估價者，可於 2 月份向財政部申請。此外，上一年度所得稅結
算申報於 2 月 20 日開始，原則上，年度所得稅申報及未分配盈餘申報
應於 5 月底前完成，但可申請延展一個月至 6 月底完成。收入統計表及
支出明細表，應連同所得申報附上。核定稅額方式如前述之園所收入支
出之審核方式，園所可依目前學校帳務處理之狀況選擇核實認定、書面
認定、或逕決核定，每年核定稅額後，覺得不合理，可循正常程序申請
複查。

總而言之，幼教機構管理者在處理園所日常會計事項時，不論是否
雇請專業會計人員處理，本身最好還是需具備一般會計常識，且對於相
關法令的知識更應加以隨時注意，如：商業會計法、公司法、營業稅
法、所得稅法、稅捐稽徵法、稅捐稽徵機關管理營利事業帳簿憑證使用
辦法等，不但可以避免因違反法令規定而遭受處罰，還可同時利用健全
的會計制度防堵人員舞弊且彙整正確有用的管理資訊。相關重要之法令
規章請參照附錄。

第二節　資產管理策略

壹、財產目錄編製

　　園所經營的最終目的是獲取合理的經濟效益，而經濟效益的高低，取決於園所的投資規模、合理的資金流量、以及最適的資產配置。園所一方面要強化內部資本結構，確保資金合理與有效使用。另一方面，為提高競爭力而必須擴大園所規模或更新各項設備，以提供學童豐富的學習與成長環境。在投資前，必須充分了解與掌握市場行情以預測投資效益，並運用科學的方法進行可行性決策分析，以避免決策失誤所造成的損失。然而，在投資建置或增購後，園所也必須詳細編列財產目錄，擬定完善之財產設備保管與修繕維護等工作流程，使每項園所設備皆能保持良好使用狀況並發揮全面整合性效能。

　　凡設備採購屬資本性支出者，均須列入園所財產與編製財產目錄，其編製方式有二：一為交易付款發生時，同時謄錄財產目錄有關資料。二是年度終了時，依據傳票或帳簿，謄錄財產目錄有關資料。園所各項設備按其性質，分由教師兼任管理或派專人管理，每半學期檢查設備使用情形一次，檢查時需力求確實，發現破損或故障者，立即通知有關人員做適當之修護；不堪使用者，填製清單報銷。每半年底編製財產目錄。此外，各項現用設備，禁止移為私用或私借他人使用。

小院士幼稚園九十三年財產目錄　　　　　93 / 07 / 02

財產 名稱	所在 地點	數量	單位	取得 日期	取得 單價	預留 殘值	耐用 年數	折舊費		未折 餘額	備註
								本期	累積		
辦公用品											
電　腦	辦公室	1	套	02.25	40,300						
電腦桌	辦公室	1	張	02.25	1,800						
印表機	辦公室	1	台	03.10	13,500						
影印機	辦公室	1	台	03.19	115,000						
護貝機	辦公室	1	台	08.15	9,000						
打卡鐘	辦公室	1	台	05.12	6,500						
教學用品											
數位相機	辦公室	2	台	01.11	13,500						
錄音機	各班	8	台	09.10	8,200						
蒙氏教具	教室	4	套	10.01	183,000						
投影機	教室	4	台	11.18	42,500						
園所設備											
遊樂設施	戶外	1	組	03.06	352,000						
幼童課桌	各班	8	張	03.08	5,800						
幼童桌椅	教室	16	張	03.08	4,000						
廣告招牌	圍牆	1	組	07.10	87,500						
防火窗簾	各班	8	組	07.21	62,400						
遮雨蓬	走道	1	組	08.10	13,000						
冰　箱	各班	8	台	09.01	17,500						
安全隔間	地下室	2	組	11.03	11,500						
電腦設備	教室	8	套	11.20	87,000						
合計											

園所長：　　　　　　　　　會計：　　　　　　　　　第1頁共8頁

表 6.3　小院士幼稚園財產目錄

貳、資本預算規劃

　　幼教機構可利用短、中、長期預算規劃針對現今所處之經營環境，剖析其發展之優劣勢，並透過預算執行結果之評估檢討，由回饋機制進行實施方案的修正基礎。預算規劃架構可分為營業預算與資本預算，營業預算又稱為管銷費用成本預算（Blommaert, 1991）。因此，幼教機構可針對營業銷售預算、教學預算、費用預算、資本預算等項目編製預算，其中資本預算意指未來期間預估用於園所教育產出方面的固定資產流入與流出的計畫，亦即所規劃的投資方案所產生的經濟效益長於一

年，則所支出的成本也長於一年。

因資本支出需大量資金，且決策不能輕易更改，與前述之存貨管理、應收帳款、現金管理等決策具有截然不同之性質，故園所規劃資本預算時必須詳加考慮貨幣時間價值、現金流量、必要報酬率、以及不確定性等四種基本特質（Bryce and Bryce, 1999），依園所之銷售需求與管銷成本預測投資專案的預期現金流量與預估舉債融資成本，並根據預期現金流量的風險和無風險報酬率來決定投資專案之折現率，再利用此折現率計算現金流量之現值，以進一步結合機構各部門資源，對未來投資計畫與可能獲利機會仔細規劃與評估。

一般而言，資本預算決策程序之準則有回收期間法（payback period method）、會計報酬率法（accounting rate of return method）、淨現值法（net present value method）、內部報酬率法（internal rate of return method）、獲利能力指數法（profitability index method）。若假設小院士幼稚園之新投資專案 A 與 B 兩案之投資風險相同且所有之現金流量都發生在年底，預估未來專案計畫將存續四年，此四年現金流量估計如下：

年度	A 案現金流量	A 案累積流量	B 案現金流量	B 案累積流量
0	（150,000）	（150,000）	（150,000）	（150,000）
1	100,000	（50,000）	10,000	（140,000）
2	80,000	30,000	60,000	（80,000）
3	40,000	70,000	90,000	10,000
4	20,000	90,000	100,000	110,000

同時假設專案計畫之期初資本支出（CF_0）包括對固定資產及淨營運資金之投資；現金流量支出（CF_t）代表尚未實現之期望值，且所得稅、折舊、資產殘值等因素，對現金流量的影響都已考慮在內，則資本預算決策程序之五項準則分別說明如下（Helfert, 1996; Palepu et al., 2003; Scott et al., 1998; Shim and Siegel, 1997）：

（一）回收期間法

指機構預期能自投資專案的淨現金流入量中，回收該專案的原始投

資額所需的年數。A 案之回收期間為 1.625 年，而 B 案為 2.889 年，回收期間愈短愈具投資效益。本項準則之最大優點為簡單易算，但相對地，最大缺點亦是因為計算過於簡化而忽略貨幣的時間價值對現金流量之影響。

（二）會計報酬率法

會計報酬率乃定義為投資專案之平均稅後會計盈餘除以平均投資額。因此 A、B 兩投資專案之平均投資額均等於該專案之原始投資$150,000 加上殘值$0，然後再除以 2。因此 A、B 兩投資案在投資期間的平均投資額均為$75,000。A、B 兩投資案之所得稅率適用 25%為計算基準，其稅後盈餘如下表：

年度	A 案現金流量	A 案稅後盈餘	B 案現金流量	B 案稅後盈餘
0	（150,000）	0	（150,000）	0
1	100,000	70,000	10,000	-20,000
2	80,000	50,000	60,000	30,000
3	40,000	10,000	90,000	60,000
4	20,000	-10,000	100,000	70,000

A、B 兩投資案之平均稅後會計盈餘分別為：

A 案：$(70,000 + 50,000 + 10,000 - 10,000) / 4 = \$30,000$

B 案：$(-20,000 + 30,000 + 60,000 + 70,000) / 4 = \$35,000$

因此，A 投資案之會計報酬率為$30,000/$75,000=40.00%，B 投資案之會計報酬率為$35,000/$75,000=46.67%。會計報酬率法之缺點同回收期間法，未將貨幣的時間價值考慮在內，導致無法以現值作為比較基礎。

（三）淨現值法

淨現值法的計算程序為利用適當之報酬率將投資專案之現金流量折算成現值後加總，算出投資計畫之淨現值。若淨現值為正，則接受該專案；淨現值為負，則拒絕該專案。若決策者有二個互斥專案可供選擇，

則應選擇具有較高淨現值之專案。若以 1/(1+10%)為折現因子，則 A、B 兩投資案之現金流量現值如下表：

年度	A案現金流量	A案現金流量現值	B案現金流量	B案現金流量現值
0	（150,000）	（150,000）	（150,000）	（150,000）
1	100,000	90,909	10,000	9,091
2	80,000	66,116	60,000	49,587
3	40,000	30,053	90,000	67,618
4	20,000	13,660	100,000	68,301
	A案淨現值	50,738	B案淨現值	44,597

若為二個獨立專案，則 A、B 兩投資專案都應接受；若為二個互斥專案，則應接受淨現值較大之A專案。此外，亦可利用同一折現因子計算折現後回收期間。

年度	A案流量現值	A案累積流量現值	B案流量現值	B案累積流量現值
0	（150,000）	（150,000）	（150,000）	（150,000）
1	90,909	（59,091）	9,091	（140,909）
2	66,116	7,025	49,587	（91,322）
3	30,053	37,078	67,618	（23,704）
4	13,660	50,738	68,301	44,597

則A專案之回收期間為 1.894 年，而B專案之回收期間為 3.347 年。故折現前後之回收期間 A 專案明顯延長，而 B 專案亦略為延長。

（四）內部報酬率法

內部報酬率法乃定義為能使一投資專案之投入成本現值等於產出現金流量現值時之折現率或報酬率，也就是計算出下式中之 IRR，使得其淨現值為零。

$$NPV = \sum_{t=1}^{n} \frac{CF_t}{(1+IRR)^t} - CF_0 = 0$$

折現率	專案	第0期	第1期	第2期	第3期	第4期	折現淨現值
0%	A	(150,000)	100,000	80,000	40,000	20,000	90,000
	B	(150,000)	10,000	60,000	90,000	100,000	110,000
5%	A	(150,000)	95,238	72,562	34,554	16,454	68,808
	B	(150,000)	9,524	54,422	77,745	82,270	73,961
10%	A	(150,000)	90,909	66,116	30,053	13,660	50,738
	B	(150,000)	9,091	49,587	67,618	68,301	44,597
15%	A	(150,000)	86,957	60,491	26,301	11,435	35,184
	B	(150,000)	8,696	45,369	59,176	57,175	20,416

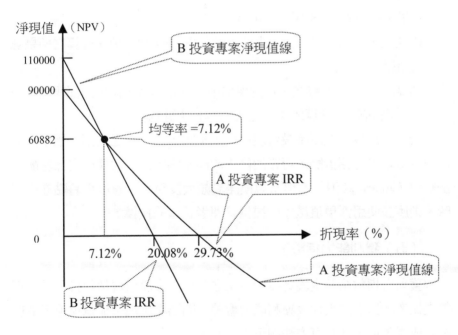

圖 6.3　小院士幼稚園內部報酬率與淨現值線關係圖

　　若專案之內部報酬率 IRR 大於其資金成本 r，則其淨現值必大於零，因此不論採用淨現值法和內部報酬率法，在抉擇獨立投資專案時，結果將一致。但當抉擇互斥投資專案時，若專案間之現金流量之時機點不同

或規模差異太大時，可能會產生選擇錯誤專案的情形發生（Brigham and Houston, 2003）。

由圖 6.3 可明顯地看出，當折現率小於均等率時，B 專案的淨現值大於 A 專案的淨現值；當折現率大於此均等率時，A 專案的淨現值大於 B 專案的淨現值。因此就一個園所管理者而言，當其使用內部報酬率法選擇方案時，他會選擇 A 專案。若他使用淨現值法，則在折現率小於均等率時，他會選擇 B 專案；而當折現率大於均等率時，他會選擇 A 專案。在折現率小於均等率時，使用內部報酬率法將不同於使用淨現值法所選出之方案。換句話說，

若 $r < 7.12\%$，$NPV_B > NPV_A$

若 $r = 7.12\%$，$NPV_B = NPV_A$

若 $r > 7.12\%$，$NPV_A > NPV_B$

⑴ 若是獨立投資專案，使用內部報酬率法與淨現值法計算之結果應具有一致性。

⑵ 若是互斥投資專案，在折現率小於均等率時，使用內部報酬率法與淨現值法計算所產生之決策常有相牴觸性。

若兩互斥專案之原始投資規模相差不大，則上述之內部報酬率法與淨現值法結果之相牴觸，可經由修正內部報酬率法取代傳統內部報酬率法解決（Jones, 2004）。但當規模差異頗大及現金流量發生時點亦不同時，則應該使用淨現值法才能提供管理者正確的抉擇。

（五）獲利能力指數法

獲利力指數法乃定義為投資專案之產出現金流量現值與投入成本現值之比率，指數愈大代表獲利能力愈強，因為產出現金流量現值遠高於投入成本現值。其計算方法如下：

$$PI = \frac{\sum_{t=1}^{n} \frac{CF_t}{(1+r)^t}}{CF_0} = \frac{CF_0 + NPV}{CF_0} = 1 + \frac{NPV}{CF_0}$$

因此，A、B 兩投資專案現金流量現值計算如下表：

年度	A 案現金流量	A 案現金流入現值	B 案現金流量	B 案現金流入現值
1	100,000	90,909	10,000	9,091
2	80,000	66,116	60,000	49,587
3	40,000	30,053	90,000	67,618
4	20,000	13,660	100,000	68,301
	A 案現金流入現值	200,738	B 案現金流入現值	194,597

　　故 A 投資專案之獲利力指數為$200,738/$150,000=1.338，而 B 投資專案之獲利力指數為$194,597/$150,000=1.297。

（六）各種準則結果之比較

	回收期間	會計報酬率	淨現值	內部報酬率	獲利力指數
A 專案	1.625 年	40.00%	$50,738	29.73%	1.338
B 專案	3.857 年	46.67%	$44,597	20.08%	1.297
結　果	A > B	A < B	A > B	A > B	A > B

　　由各種準則結果之比較發現，會計報酬率因將稅率一併考量而導致不同的抉擇結果外，回收期間法、淨現值法、內部報酬率以及獲利能力指數法均是使用以資金成本所發展出來的資本預算選擇方法，其計算結果應具有一致性。當然，如前所述，管理者應對內部報酬率法與淨現值法計算之結果做進一步分析辨識，確保抉擇符合需求與期望，此外，當園所資金非單一來源與利率時，資金成本亦將隨之變動。為求精確規劃資本預算，加權平均資金成本（weighted-average cost of capital, WACC）必須導入資本預算計算。一般而言，風險高之投資專案計畫，其加權平均資金成本亦高；風險低之投資專案計畫，其加權平均資金成本亦低（Mohr, 2003; Garrison, 2001）。幼教機構資金來源相對簡單，大致可分為債務資金與權益資金，其中權益資金是指組織機構之所有人所投入股本以及機構盈餘未分配之保留部份。因此假設小院士幼稚園所籌集之資金來源中，債務資金與權益資金各占 35%與 65%，且已知稅後負債成本

（K$_d$）為 8.0%，權益成本（K$_e$）為 12.5%，則其加權平均資金成本應可計算為：

$$WACC = 35\% (K_d) + 65\% (K_e) = 35\% (8.0\%) + 65\% (12.5\%) = 10.925\%$$

機構在募集資金時通常不會僅從單一管道募集所需的資金，雖然債務資金具有較低廉的資金成本，然而每期固定的利息和本金償還，可能會對營收不臻理想的園所造成沉重的負擔。而權益資金之資金成本雖然較高，然而卻沒有本金償還與股利發放的龐大負擔，因此對機構而言，反而是一種較為安全的資金（Van Horne, 2001）。因此如何決定各種籌資項目的比率，亦即決定加權平均資金成本，即必須考慮成本以外的經營風險因素。

參、風險預估管理

在現今之經營管理範疇中，風險預估管理已成為日益重要之課題，其包含之領域涵蓋針對所有足以造成營運危機與災難之事件，組織機構事先採取預防或降低損害之一系列行動（Christoffersen, 2003）。就幼教機構的角度而言，可概分為園所安全、債務清償、以及成本變動等三個層面的風險。

（一）風險管理種類

⑴園所安全風險

其中園所安全之風險管理乃屬於傳統保險事項，故又稱為可投保風險（Jorion, 2003）。針對園所安全風險，機構應確保擁有適當之相關保險，以免因管理流程疏失而導致園所經營風險增加。幼教機構需特別規避之園所安全風險簡述如下：

（1-1）財產風險

指園所可供生產之有形與無形資產遭受損害的任何風險，例如火災、水災、或天災等都會導致園所資產之損毀。

（1-2）人事風險

指園所雇用員工所導致的風險，例如員工詐欺、侵佔公款、或機構訴訟案件等都會影響園所資金之配置。

（1-3）責任風險

指園所教學、服務及員工行為所導致的風險，例如不當駕駛園所車輛、或因員工疏忽所招致的損害求償等都會損及園所資源之運作。

上述之產物、人員、及責任險皆可轉嫁給保險公司，但即使風險可以投保，也不表示風險一定要投保。事實上，風險預估管理的主要工作就是在評估、管理、及選擇最適之自我保護方案。

(2)債務清償風險

債務清償之風險管理乃屬於預防財務危機措施，機構應檢視具備足夠的償債能力。如前節所述，機構應徹底落實現金、稅務、存貨與流動資產管理，以免因資產流動性不足或資金收支缺口而導致園所經營風險之增加。

(3)成本變動風險

成本變動之風險管理乃屬於控制支出程序，機構應確認避險工具的妥善運用，以免因協力廠商之供貨成本提高或金融機構融資利率上升而導致園所經營風險增加。

（3-1）投入型風險

指園所投入生產要素變動之風險，含人工與物料成本變動。

（3-2）需求型風險

指園所需求資金成本變動之風險，含金額與利息成本變動。

（二）風險管理步驟

在了解可能面臨的各種風險後，幼教機構便知道要如何進行風險之控管，其步驟如下：

(1)確認機構面臨的風險

園所管理者必須依據營運內容與服務項目，明確認定風險因子。

⑵衡量風險的潛在衝擊

各種風險對機構的影響效果不盡相同，因此要提供可一致比較性的衡量方法來量化不同的風險來源，進而依潛在影響的大小來進行損失風險限制與資本配置等工作，以控管影響較大的風險來源。

在許多衡量方法中，風險地圖（risk maps）廣為使用（Rejda, 2002）。風險地圖即是將風險標示於嚴重（severity）與頻率（frequency）為軸的二維平面，以顯現極嚴重/高頻率、極嚴重/低頻率、不嚴重/高頻率、不嚴重/低頻率四個象限之風險分布。在極嚴重/高頻率區域的風險代表非常嚴重，極需採取行動加以矯正。極嚴重/低頻率經常使園所管理者夜不成寐，也是必須以保險方式應對。而不嚴重/低頻率風險可透過行政管理加以改善即可。

⑶決定規避風險的策略

大部分的情形下，風險可藉由下列方法來降低（Jorion, 2003; Rejda, 2002; Vaughan and Vaughan, 2003）：

（3-1）轉移風險給保險公司

一般而言，投保以轉移風險是有利的，利用可行的方法控制會造成損失的風險，藉以保存住現有或將來可能有的資產。透過保險的購買，把損失的風險轉移給保險公司。至於投保金額的多寡，應該針對意外發生時有沒有資產足以應付危機的實際狀況，進行全面性的規劃。如果沒有足夠的資金，就有必要完全以保險轉移風險。

（3-2）轉移風險給他人承擔

基本上以透過契約約定的方式達成。例如在買賣契約中明定其中一方對於約定事故負賠償責任，此時被要求的一方也可以透過保險來轉嫁責任，例如要求園所餐飲供應廠商對於食物中毒造成的損害負擔賠償責任，餐廳便可以投保責任險，以避免事故發生時，無法負擔賠償責任而倒閉。同時將危險性質的活動交給具有專業能力的人處理，例如清洗園所水塔，委由專業清洗公司；避免修理園所電器設施時的觸電危險，委由專業的電工處理，

如此便可將風險移轉給他人承擔。

（3-3）阻絕造成風險的任何行為

完全排除危險之風險趨避作法，亦即不去從事任何可能引發危險的行為，也可以說是以消極的方式處理危險。若園所在提供某種勞務時，發現該活動所產生之風險遠超出其所得之報酬，便應考慮終止勞務之提供，以避免風險與報酬不能配合的不利行為。

（3-4）降低不利事件發生的機率

一個風險所造成的期望、損失會同時受到不利事件發生的機率及發生時間所造成的損失而影響。因此當面臨某些活動具有危險性，但卻必需執行時，就需另外尋求解決方案，降低事故發生的機率。例如為避免瓦斯爆炸中毒，可採取一些瓦斯爆炸中毒的預防措施；為避免學童遭受雷擊，可在園所加裝避雷針或禁止學童在雷雨天從事戶外活動；為避免火災發生之可能，可採取一些火災預防措施、更換老舊電線路、或改採耐火建材等方式來降低風險。

（3-5）降低不利事件發生的損失

若無法完全避免危險發生的可能性，除上述減少事故發生機率的作法外，尚有若風險不幸發生時，使其損失得以控制在最小的範圍。例如：園所教職員工騎乘機車必須戴品管合格的安全帽，避免頭部遭致命傷害；園所可採自動灑水消防設備、設定防火巷、或考慮將建物蓋在消防隊旁來降低火災的損害程度。

（3-6）利用長期契約或衍生性金融商品避險

幼教機構可與協力廠商訂定長期互惠契約，用來降低投入風險，以避免因供貨成本或園所租金上升而增加之營運風險。另外，衍生性金融商品亦有助於園所資金需求或利息控制之風險管理，透過相關商品操作可用於降低因利率所引起之風險。

（三）風險管理程序

風險管理或損害控制之程序應該如同其他園所作業規劃，明定於各項標準作業程序內，以落實到活動計畫及流程。基本上應該包括（Lore and Borodovsky, 2000）：

(1)分層負責策略

分層負責可以使工作執行環節緊密結合，易於園所追蹤管理，達到權責相符的原則。管理者執行例行作業時，應常常回顧評估園所之管理政策是否清楚明確、管理組織是否權責分明、管理審核是否徹底落實。當然，若能有外部第三者單位再次執行考核，更可藉由其專業能力與經驗提供改善的建議，並確保內部審核工作之品質。

(2)採購規劃策略

支出控制是園所經營的重要教戰守則，但採購時除了價格與功能的考量之外，更需重視品質與規格是否符合相關之安全規定。若設施的設計與品質不良時，將使危險發生的機率大增。因此，園所應以書面資料詳細規範採購注意事項。

(3)活動設計策略

園所對於課程或活動設計與安排時都必須重複經過仔細的安全性檢視，若有安全顧慮時，一定要有備案對策及處理方案，縱使是學童自費負擔的活動，亦不可忽略任何可能危及安全或誘發危險的預防措施，在準備周延的情況下，儘可能使風險發生的可能性降至最低。

應用在其他財務決策之分析工具亦可應用於風險預測管理。因此，風險預測管理亦可根據成本效益分析來評估各個應對方案，任何方案皆有現金流量與預期效益，依財務觀點來看，應該要選擇成本現值較低之方案，始能為園所創造最大未來效益。

本章小結

依據市場供需法則，供給與需求決定市場價格。園所經營之目的在於追求合理的利潤，因此園所必須要有良好資金管理策略與資產管理策

略，以提供學童豐富的學習與成長環境並達成園所經營目標。

園所之資金管理策略涵蓋現金流量管理、員工薪資管理、以及機構稅務管理；園所之資產管理策略涵蓋財產目錄編製、資本預算規劃、以及風險預估管理。現金流量管理不只是指庫存現金的收支管理，還包括銀行存款及高流動性有價證券的追蹤與掌握。如何在維持流通性與追求報酬率之間取捨，是園所現金流量管理的重要目標，園所可利用鮑莫模型與米勒歐爾模型進一步判定最佳現金餘額。此外，合理的薪資結構是激發園所教職員工努力奉獻的重要誘因之一，但亦會直接影響機構的人事成本，應藉由建立系統化的薪資管理流程，採取積極有效的激勵措施，充分誘發教職員工之參與投入，重塑機構創造效益的動能來源。本章亦於文中建議幼教機構管理者本身需具備一般會計常識，且對於相關法令的認識更應加以隨時注意，不但可以避免因違反法令規定而遭受處罰，還可同時利用健全的會計制度防堵人員舞弊且彙整正確有用的管理資訊。

在競爭日激的環境下，風險預估管理亦已成為日益重要之課題，園所應積極強化內部資本結構，確保資金合理與有效使用，並須充分了解與掌握市場行情以預測投資效益，充分考量園所安全、債務清償、以及成本變動等三個層面的風險，並運用科學的方法進行可行性決策分析，以發揮全面整合性效能，為園所創造最大未來效益。

第七章　結論

第七章　結論

　　財務管理的目的是為了協助實現幼教機構未來發展的願景，它提供園所經營者所需之管理工具與決策資訊，使其面對複雜之營運衝擊時，得以熟練地作出合宜的抉擇。近幾年來隨著社會結構與經濟轉型之影響，幼教機構不但要面對競爭對手在園所設備與促銷推廣不斷翻新的壓力外，更要因應少子化與階級化不穩定的社經環境變遷的影響，種種外在因素造成日益複雜與競爭激烈的幼教經營環境，如何控管日益加劇的經營風險與不確定性，及保持現有成果並創造未來發展，已成現今幼教機構經營管理所面臨的最大挑戰。外在環境既已急遽改變，倘若園所經營者依然只做日記帳等流水帳的工作，然後將剩餘之事項全委外處理或由會計師負責，而完全忽視財務規劃和預算分析對其園所發展的重要性，當經營環境變化超過預期時，可能會面對財務困境而顯得措手不及與力不從心，甚至可能因一時無法彌平之財務缺口而導致園所經營失敗，使多年心血付諸東流，不但未能為自己創造財富，亦在不穩定的環境裡，損失了自己與股東辛苦累積的資本，殊為可惜。因此園所經營者具備基本財務管理的專業知識乃益形重要。戰寶華與陳惠珍（2004）研究指出幼教機構的財務管理不但應重視會計流程之處理、資本結構之剖析與營運資金之管理，將財務管理以管理會計及財務分析為其輔助工具，建立財務計畫與預算控制的運作機制，使園所資金達到預估收益性並保持合理流動性，以達成幼教機構之使命任務與社會責任。

（一）會計流程之處理

　　好的財務管理能創造好的業績；正確的會計流程能帶給整個機構更高的管理效率。如果幼教機構管理制度能導入會計與財務制度觀念，許多營運上的困難便可迎刃而解，因其具備了以下的特性：

　　⑴ 會計流程處理是有嚴謹的作業規範，機構管理者只要提出構想或

相關要求，會計人員即可依會計作業規範執行，可以減少設計管理流程的困難度，且可提高資訊使用的正確性。同時亦以察覺某一部門或某項措施，是否與整個管理體系脫節，以求迅速改進。

(2) 會計流程處理是講求會計科目之借貸平衡並可依機構需要做適當之修定，任何異常資訊與異常紀錄都能作適當的分類，不會憑空消失，可讓園所管理者直接判定問題的嚴重性並依循脈絡繼續追蹤查核，或事先採取必要且有效的防範措施，對症下藥解決問題，以並進一步發揮管理之功能。

(3) 會計流程處理所產生之會計資訊與報表可提供園所管理者對於改進業務計畫與方針的主要參考資料。園所資源有限，如何控制成本與活動支出，使業務營運能避免浪費浮濫；如何調度資金與管理資產，使發展計畫能合乎經濟原則，全仰賴會計流程之各種原始憑證、帳冊紀錄、與核銷制度，再經由報表完整而詳細呈現紀錄與分析，以作為園所控制與管理之依據。

此外，財務報表分析亦是會計流程處理中有效管理資訊輸出模式之一。財務報表分析乃針對園所某一特定財務狀況，蒐集報表中相關的各項資訊，經適當之研究運算，最後再解釋分析各項資訊間之涵義（Fabozzi and Peterson, 2003）。常用之財務比率分析分為資本結構比率分析、償債能力比率分析、經營效能比率分析、獲利情況比率分析、與財務槓桿比率分析等五大類，其相關性對於評估過去經營績效、衡量目前財務狀況、與預測未來發展趨勢可發揮極大功能。

（二）資本結構之剖析

資本結構之剖析的積極意義為透過財務資訊轉化為協助所在園所進行各種投資、籌資及經營的必要資訊及策略，以達成永續經營的成長目標。財務資訊必須融合財務運作的基本技術、整合內部組織與外部環境的交互影響、並結合機構經營目標及限制。

(1) 運用折現現金流量與加權平均資金成本等財務運作基本技術協助園所管理者判定最適資本結構並預估攸關發展之未來資金流量。折現現金流量在資本結構規劃之實務分析上具有不可或缺的重要

價值，其意涵在評估一項專案的整體投資效益時，對於產生時點愈後面的預期盈餘，必須先將之以折現率折現到投資發生年度，才能與成本進行比較，這種折現的動作，除具有反映通貨膨脹的影響之外，更具有反映投資期間風險的意涵（Jones, 2004）。

(2) 考量內外部影響資本結構之重要因素。原則上，園所經營風險大致等於可控風險、不可控風險、與資本之機會成本補償之加總。其中可控風險可透過風險移轉與風險分散策略加以控制，但不可控風險，如市場競爭變動、消費習慣改變、政經大環境變化、與物價波動，則有賴園所良好之財務管理與調整彈性加以因應。

事實上，許多幼教機構仍習於用短期資金做長期投資，也就是說園所資本額並不充足，而由家族以股東往來之名目借錢給機構，但不管向誰借或如何借，股東往來之短期融資仍舊是負債，若信用無止境擴張，再加上若資金運用公私不分，皆對園所長期發展非常不利。因此，幼教機構一定要有穩健的財務管理，不但要有充足的自有資金，而且要詳加規範資金的歸屬，才能讓園所在健全資本結構中穩定成長。

（三）營運資金之管理

機構營運資金的運用若不釐清，將有很大的盲點存在，就是園所管理者常常分不清現有資金究竟是自有資金、銀行融資、還是協力廠商的應付帳款，只要看到錢就以為是自己的資金而逕自從事園所投資，忽略應付帳款或短期負債對資金缺口造成的無形傷害。許多園所很辛苦地創業，園務也算推展的非常成功，最後卻莫名其妙地倒閉，究其原因大多是在資金流轉中迷失既定方向。因此，幼教機構針對營運資金之管理必須格外注意資金來源、資金運用與預算編製三方面。

(1) 資金募集需考量其風險與成本，將外來融通資金與園所自有資金做全盤考量，亦即將負債與權益資金做適當的搭配，使機構整體的資金成本最低，並避免因過度舉債而帶來過多營運風險。

(2) 園所資金運用需同時兼顧實用性、流動性、以及安全性。其策略包含擬定最適的資金配置決策，除保有一定比例之流動資金以支應日常營運所需外，幼教機構可將資金做集中管理、核算、以及

調控，強化園所資金的預期管理，在維持適當的變現性與追求較高的報酬率之間取得平衡，尋求最佳化之現金持有比例，以創造更高的資金收益，而閒置資金之理財規劃以安全性為主要考量。

(3) 預算編製亦可視為是財務規劃、預測與控制的一種程序，其可反應機構未來一年之收支運作情形與預測未來經營成果，更能鼓勵園所教職員工同仁能按計畫執行，並透過財務報表查核工作，做為績效考核的依據。因此，園所可利用編製預算的機會達到訂定更具前瞻性之規劃、扮演縱橫雙向溝通角色、運用資源分配控制營運、與落實營運績效管理評估之目標。相對地，若預算編製之成果未能展現如預期規劃之效果，園所則應檢討其原因，提出具體改進方法與措施，週而復始，幼教機構可在一個資金需求不虞匱乏之規範下往正確方向邁進。

經營的最終目的是獲取合理的經濟效益，而園所經濟利潤的高低，取決於投資規模、資金管理、以及資產配置。因此無論是會計期間內有關園所收支營運事項規劃之營業預算或有關園所如何取得及使用資金之財務預算，皆是幼教機構整體預算的組成部分，都需按園所經營目標編製、符合園所整體利益規劃，並以計量數字及資料作為計畫變製之內容依據。其中包含反應收支預測、分析融資選擇、流動資產管理、以及長期設備投資，如果善加運用對機構營運受益匪淺。然而，由於財務管理有一定的困難度和複雜性，戰寶華與陳惠珍（2004）研究發現絕大多數的園所管理者多希望教育當局能提供適切之協助，以提昇財管與經營能力。

綜合上述，幼教機構要追求卓越與永續成長之發展願景，前提就是機構的各項機能要相輔相成，以合理決策提昇經營管理效益，讓有形與無形資產發揮最大的經濟綜效。當然在重視經營績效令顧客滿意的背後，必須能營造一個堅強的管理團隊，不但園所管理者需具備經營管理之專業知能，能確實有效運用管理資訊與技巧，還能使每位學有專精之園所教職員工同仁都能快樂奉獻心力，匯集而成增強競爭力的動力泉源。總而言之，在跨越 21 世紀的今天，競爭進入白熱化階段，隨時保持彈性，隨時準備調整，落實總控各項管理功能之財務管理，才是贏得最後成功的關鍵因素。

參考文獻

中文部分

中小企業處（2004）。九十三年中小企業白皮書。台北：經濟部中小企業處

中華經濟研究院（2003）。**臺灣重要經濟變動指標**。台北：中華經研院經濟展望中心。

主計處（2003）。**臺灣地區社會指標統計年報**。台北：行政院主計處。

行政院（2001）。**行政院出納管理作業流程及工作手冊**。台北：行政院。

吳宗璠（2003）。**會計資訊系統**。台北：智勝文化。

呂欣諄（2003）。**知識管理全輯**。台北：財經傳訊。

呂輝堂（2001）。**銀行會計學：理論與實務**。台北：前程企業管理有限公司。

李啟誠、林坤霖（1998）。**電腦化會計系統**。台北：松崗電腦圖書。

汪亞平（2000）。**會計學原理**。台北：新文京開發出版有限公司。

姚秋旺（2001）。**會計審計法規研析**，三版。台北：華泰文化。

柯瓊鳳、陳專塗（1999）。**會計資訊系統**，三版。台北：新陸書局。

徐仁輝（2002）。**公共財務管理**。台北：智勝文化。

馬嘉應、張力（2003）。**會計學導論**。台北：五南文化。

張清溪（2003）。**經濟學**。台北：華泰文化。

陳子民（2003）。**中小型商業會計制度**。台北：財團法人中小企業聯合輔導中心。

陳玉梅（1999）。**會計審計法規大意**。台北：建全出版社。

陳隆麒（2004）。**當代財務管理**。台北：華泰文化。

智囊團（1997）。**企業規章應用標準－會計財務制度**。台北：智囊團顧問股份有限公司。

馮貞德（2004）。**會計師-商業會計法**。台北：高點文化。

蓋浙生（1994）。**教育經濟學**。三版。三民書局。

鄭丁旺（2004）。**中級會計學**。台北：三民書局。

戰寶華、陳惠珍（2004）。幼教機構財務管理現況探討－以高屏地區為例。**教育研究集刊**，50（2），179-210。

薛承泰（2001）。台灣單親戶極其貧窮之趨勢分析，**台灣單親家庭之現況與政策研討會引言報告**。台北：國家政策研究基金會。

證券基金會（2004）。**總經產業資料庫-景氣統計與預測**。主計處、經建會與中央研究院經濟研究所發布之台灣總體經濟預測資料。台北：中華民國證券暨期貨市場發展基金會。

楊國賜、蔡榮貴（2002）。**全國幼兒教育普查計畫**。教育部委託專案計畫成果報告。

英文部分

Allen, Steve L.（2003）. *Financial Risk Management: A Practitioner's Guide to Managing Market and Credit Risk.* Hoboken, NJ: John Wiley & Sons Inc.

Axsater, Sven（2000）. *Inventory Control.* Dordrecht Netherlands: Kluwer Academic Publishers.

Axson, David A. J.（2003）. *Best Practices in Planning and Management Reporting.* Hoboken, NJ: John Wiley & Sons Inc.

Barkoff, Rupert M. and Selden, Andrew C.（1997）. *The Fundamentals of Franchising.* Chicago, IL: American Bar Association.

Battersby, M. E.（1995）, Financial forum: Embezzlement losses and recovery. *Early Childhood News*, 7（3）, 32-33.

Benninga, Simon.（2000）. *Financial Modeling.* 2nd Edition. Cambridge, MA: The MIT Press.

Bernstein, Leopold A. and Wild, John J.（1999）. *Analysis of Financial Statements.* 5th Edition. New York, NY: McGraw-Hill.

Block, Stanley B. and Hirt, Geoffrey A.（2002）. *Foundations of Financial Management.* 10th Edition. New York, NY: McGraw-Hill/Irwin.

Blommaert, A.（1991）. *Financial Decision Making: An Introduction to Managerial and Financial Accounting and Financial Management.* Upper Saddle River, NJ: Prentice Hall.

Boardman, Anthony E., Greenberg, David H., Vining, Aidan R. and Weimer,

David L.（2000）. *Cost-Benefit Analysis: Concepts and Practice*. 2nd Edition. Upper Saddle River, NJ: Prentice Hall.

Bragg, Steven M.（2003）. *The New CFO Financial Leadership Manual*. New York, NY: Wiley.

Brealey, Richard A. and Myers, Stewart C.（2003）. *Brealey & Myers on Corporate Finance: Financing and Risk Management*. New York, NY: McGraw-Hill.

Brickley, Jim, Smith, Clifford, Zimmerman, Jerry, and Willett, Janice （2002）. *Designing Organizations to Create Value: From Strategy to Structure*. New York, NY: McGraw-Hill.

Brigham, Eugene F. and Ehrhardt, Michael C.（2002）. *Financial Management: Theory and Practice*. 10th Edition. Orlando, FL: Harcourt College Publishers.

Brigham, Eugene F. and Houston, Joel F.（2003）. *Fundamentals of Financial Management*. Mason, OH: South-Western College Publishing.

Brower, M. R., and Sull, T. M.（2001）. Is Your Center in Good Financial Health? Six Symptoms and Ssome Prescriptions. *Child Care Information Exchange*, 142, 32-36.

Bryce, H. J.（1987）. *Financial and Strategic Management for Nonprofit Organizations*. Englewood Cliffs, NJ: Prentice-Hall Press.

Bryce, Herrington J. and Bryce, Herrington（1999）. *Financial & Strategic Management for Nonprofit Organizations*. 3rd Edition. Indianapolis, IN: Jossey-Bass Inc.

Burton, Maureen and Lombra, Raymond（2002）. *The Financial System and the Economy: Principles of Money and Banking*. 3rd Edition. Mason, OH: South-Western College Publishing.

Christoffersen, Peter F.（2003）. *Elements of Financial Risk Management*. San Diego, CA: Academic Press.

Clements, Michael P. and Hendry, David F.（2002）. *A Companion to Economic Forecasting*. Malden, Massachusetts: Blackwell Publishers.

Comiskey, Eugene E. and Mulford, Charles W.（2000）. *Guide to Financial Reporting and Analysis*. New York, NY: Wiley.

Culkin, M.（1997）. Administrative Leadership. In S. L. Kagan and B. T. Bowman（Eds.）, *Leadership in Early Care and Education*. Washington, DC: National Association for the Education of Young Children.

Daly, John L.（2002）. *Pricing for Profitability: Activity-Based Pricing for Competitive Advantage*. New York, NY: Wiley.

Diebold, Francis X.（2003）. *Elements of Forecasting*. 3rd Edition. Mason, OH: South-Western College Publishing.

Doan, Robert J. and Simon, Hermann（1996）. *Power Pricing*. New York, NY: Free Press.

Eiselen, S. S.（1992）. *The Human Side of Child Care Administration: A How-to Manual*. Washington, DC: National Association for the Education of Young Children.

Emery, Douglas R., Finnerty, John D. and Stowe, John D.（1997）. *Principles of Financial Management*. Upper Saddle River, NJ: Prentice Hall.

Fabozzi, Frank J. and Peterson, Pamela P.（2003）. *Financial Management and Analysis*（Frank J. Fabozzi Series）. 2nd Edition. Hoboken, NJ: John Wiley & Sons Inc.

Ferrell, O. C. and Hirt, Geoffrey A.（2002）. *Business: A Changing World*. 4th Edition. New York, NY: McGraw-Hill.

Foster-Jorgensen, K. and Harrington, A.（1996）. *Financial Management for Childcare Executive Officers*. St. Paul, MN: Early Childhood Directors' Association.

Garrison, Ray H. and Noreen Eric W.（2002）. *Managerial Accounting*. 10th Edition. New York, NY: Irwin/McGraw-Hill.

Garrison, Roger W.（2001）. *Time and Money: The Marcroeconomics of Capital Structure*. London, UK: Routledge, Taylor & Francis Group Ltd.

Gelinas, Ulric J. and Sutton, Steve G.（2001）. *Accounting Information Sys-

tems. 5th Edition. Mason, OH: South-Western College Publishing

Graham, Benjamin O. and Meredith, Spencer B.（1998）. *Interpretation of Financial Statements*. New York, NY: Harper Business.

Gramlich, Edward M.（1997）. *Guide to Benefit-Cost Analysis*. 2nd Edition. Long Grove, IL: Waveland Press.

Grinblatt, Mark and Titman, Sheridan（2001）. *Financial Markets & Corporate Strategy*. 2nd Edition. New York, NY: McGraw-Hill.

Hanan, Mack and Karp, Peter（1991）. *Competing on Value*. New York, NY: AMACOM, Amercian Management Association.

Hankin, Jo Ann, Seidner, Alan G. and Zietlow, John T.（1998）, *Financial Management for Nonprofit Organizations*（Wiley Nonprofit Law, Finance and Management Series）. New York, NY: John Wiley & Sons Inc.

Helfert, Erich A.（1996）. *Techniques of Financial Analysis: A Practical Guide to Measuring Business Performance*. New York, NY: McGraw-Hill

Horngren, Charles T.（1993）. *Principles of Financial and Management Accounting: A Corporate Approach*. Upper Saddle River, NJ: Prentice Hall.

Horngren, Charles T., Sundem, Gary L. and Elliot, John A.（2002）. *Introduction to Financial Accounting.* 8th Edition. Upper Saddle River, NJ: Prentice Hall.

Haugen, Robert A.（2003）. *New Finance: Overreaction, Complexity and Uniqueness*. 3rd Edition. Upper Saddle River, NJ: Prentice Hall

Jones, Trefor（2004）. *Business Economics and Managerial Decision Making*. Hoboken, NJ: John Wiley & Sons Inc.

Jorion, Philippe（2003）. *Financial Risk Manager Handbook*. 2nd Edition. Hoboken, NJ: John Wiley & Sons Inc.

Joyce, Mary L., and Morris, Michael H.（1992）. Nine Pricing Considerations in Social Marketing. In S. H. Fine（Eds.）, *Marketing the Public*

Sector: Promoting the Causes of Public and Nonprofit Agencies（pp. 101-113）. New Brunswick, NJ: Transaction Publishers.

Kagan, S. L., Brandon, R. N., Ripple, C. H., Maher, E. J., and Joesch, J. M. （2002）. Supporting Quality Early Childhood Care and Education: Addressing compensation and infrastructure. *Young Children*, 57 （3）, 58-65.

Keown, Arthur J., Martin, John W., Petty, William D., and Scott, David F. （2001）. *Financial Management: Principles and Applications*. 9th Edition. Upper Saddle River, NJ: Prentice Hall.

Keown, Arthur J., Petty, J. William, Martin, John D. and Scott, David F. （2002）. *Foundations of Finance: The Logic and Practice of Financial Management*. 4th Edition. Upper Saddle River, NJ: Prentice Hall.

Keup, Erwin J. （2004）. *Franchise Bible,* Emeryville, CA: Entrepreneur Press.

Kieso, Donald E., Weygandt, Jerry J. and Warfield, Terry D. （2003）. *Intermediate Accounting.* 11th Edition. Mason, OH: South-Western College Publishing.

Kimmel, Paul D., Weygandt, Jerry J. and Kieso, Donald E. （2003）. *Financial Accounting: Tools for Business Decision Making.* 3rd Edition. Hoboken, NJ: John Wiley & Sons Inc.

Lasher, William R. （2004）. *Practical Financial Management.* 4th Edition. Mason, OH: South-Western College Publishing.

Larson, Kermit D., Wild, John J. and Chiappetta, Barbara （2001）. *Fundamental Accounting Principles.* 16th Edition. New York, NY: McGraw-Hill/Irwin.

Layard, Richard and Glaister, Stephen （1994）. *Cost-Benefit Analysis.* 2nd Edition. Cambridge, UK: Cambridge University Press.

Lore, Marc and Borodovsky, Lev （2000）. *The Professional Handbook of Financial Risk Management.* Woburn, MA: Butterworth-Heinemann.

Maddox, D. （1999）. *Budgeting for Not-for-Profit Organizations.* New

York, NY: John Wiley and Sons Inc.

Marn, Michael V., Roegner, Eric V. and Zawada, Craig C.（2004）. *Price Advantage.* Hoboken, NJ: John Wiley & Sons.

Mankiw, Gregory N.（2003）. *Principles of Economics.* 3rd Edition. Mason, OH: South-Western Publishing.

Mathis, Robert L. and Jackson, John H.（2002）. *Human Resource Management.* 10th Edition. Mason, OH: South-Western College Publishing.

Mills, Gordon and Monk, David（2003）. *Retail Pricing Strategies and Market Power.* Carlton, Victoria, Australia: Melbourne University Press.

Mishkin, Frederic S.and Eakins, Stanley G.（2000）. *Financial Markets and Institutions.* 4th Edition. Boston, MA: Addison-Wesley.

Mishkin, Frederic S.（2003）. *Economics of Money, Banking, and Financial Markets.* 7th Edition. Boston, MA: Addison Wesley.

Mitchell, Eric G.（1985）. *Profitable Pricing Strategies.* Ramsey, NJ: Alexander Hamilton Institute.

Mohr, Angie（2003）. *Financial Management 101: Get a Grip on Your Business Numbers.* Bellingham, WA: Self-Counsel Press.

Mondy, Wayne and Noe, Robert（2004）. *Human Resource Management.* 9th Edition. Upper Saddle River, NJ: Prentice Hall.

Morgan, G.（1997）. Historical Views of Leadership. In S. L. Kagan and B. T. Bowman（Eds.）, *Leadership in Early Care and Education.* Washington, DC: National Association for the Education of Young Children.

Morris, J., and Helburn, S.（1996）. How Centers Spend Money on Quality Budgeting for Quality. *Child Care Information Exchange,* 110, 75-79.

Moscove, Stephen A., Simkin, Mark G. and Bagranoff, Nancy A.（2003）. *Core Concepts of Accounting Information Systems.* 8th Edition. Hoboken, NJ: John Wiley & Sons Inc.

Nas, Tevfik F.（1996）. *Cost-Benefit Analysis : Theory and Application.* Thousand Oaks, CA: Sage Publications.

Nagle, Thomas T., Holden, Reed K. and Holden, Reed（2002）. *The Strategy and Tactics of Pricing: A Guide to Profitable Decision Making.* 3rd Edition. Upper Saddle River, NJ: Prentice Hall.

Oberlin, Cliff and Powers, Jill（2004）. *Building a High-End Financial Services Practice: Proven Techniques for Planners, Wealth Managers, and Other Advisers.* Princeton, NJ: Bloomberg Press.

Palepu, Krishna G., Healy, Paul M. and Bernard, Victor L.（2003）. *Business Analysis and Valuation : Using Financial Statements, Text and Cases.* 3rd Edition. Mason, OH: South-Western College Publishing.

Porter, Michael E.（1980）. *Competitive Strategy : Techniques for Analyzing Industries and Competitors.* New York, NY: Free Press.

Porter, Michael E.（1985）. *Competitive Advantage : Creating and Sustaining Superior Performance.* New York, NY: Free Press.

Razin, Assaf, Sadka, Efraim, and Yuen, Chi-Wa（1996）. *A Pecking Order Theory of Capital Inflows and International Tax Principles.* Fiscal Affairs Department, Research Department, International Monetary Fund, Working Paper No. 96/26.

Reilly, Tom（2003）. *Value-Added Selling : How to Sell More Profitably, Confidently, and Professionally by Competing on Value, Not Price.* 2nd Edition. New York, NY: McGraw-Hill.

Rejda, George E.（2002）. *Principles of Risk Management and Insurance.* 8th Edition. Boston, MA: Addison-Wesley.

Ritter, Lawrence S., Silber, William L. and Udell, Gregory F.（1999）. *Principles of Money, Banking, and Financial Markets.* 10th Edition. Boston, MA: Addison-Wesley.

Romney, Marshall B. and Steinbart, Paul John（2002）. *Accounting Information Systems.* 9th Edition. Upper Saddle River, NJ: Prentice Hall.

Saunders, Anthony（2003）. *Financial Markets and Institutions: A Modern Perspective.* 2nd Edition. New York, NY: McGraw-Hill.

Sciarra, D. J., and Dorsey, A. G.（1998）. *Developing and Administering a*

Child Care Center. 4th Edition. Albany, NY: Delmar Publishers Inc.

Scott, David F., Martin, John D., Keown, Arthur J. and Petty, J. William（1998）. *Basic Financial Management.* 8th Edition. Upper Saddle River, NJ: Prentice Hall.

Shim, Jae K. and Siegel, Joel（1997）. *Financial Management for Nonprofits: The Complete Guide to Maximizing Resources and Managing Assets.* New York, NY: McGraw-Hill.

Siegel, Joel G. and Shim, Jae K.（2000）. *Dictionary of Accounting Terms.* 3rd Edition. Hauppauge, NY: Barron's Educational Series Inc.

Sihler, William W., Crawford, Richard D., and Davis, Henry A.（2004）. *Smart Financial Management: The Essential Reference for the Successful Small Business.* New York, NY: AMACOM.

Smith, Jack L., Keith, Robert M. and Stephens, William L.（1993）. *Accounting Principles.* New York, NY: McGraw-Hill.

Soffer, Leonard C. and Soffer, Robin J.（2002）. *Financial Statement Analysis : A Valuation Approach.* Upper Saddle River, NJ: Prentice Hall.

Spurga, Ronald C.（2004）. *Balance Sheet Basics: Financial Management for Non-Financial Managers.* New York, NY: Portfolio Publishing.

Stephens, K.（1990）. Minding Your Business: How to Avoid the Seven Deadly Financial Pitfalls. *Child Care Information Exchange,* 74, 9-12.

Stickney, Clyde P., Brown, Paul, and Wahlen, James M.（2003）. *Financial Reporting and Statement Analysis : A Strategic Perspective.* 5th Edition. Mason, OH: South-Western College Publishing.

Stickney, Clyde P. and Weil, Roman L.（2002）. *Financial Accounting: An Introduction to Concepts, Methods, and Uses.* Mason, OH: South-Western College Publishing.

Stock, James H. and Watson, Mark W.（1993）. *Business Cycles, Indicators, and Forecasting.* Chicago, IL: University of Chicago Press.

Tomzack, Mary E.（1999）. *Tips & Traps When Buying a Franchise.* 2nd Edition. Oakland, CA:Source Book Publications.

Van Horne, James C.（2001）. *Financial Management and Policy.* 12th Edition. Upper Saddle River, NJ: Prentice Hall.

Van Horne, James C., Wachowicz, John M., Jr., and Wachowicz John M.（2000）. *Fundamentals of Financial Management.* 11th Edition. Upper Saddle River, NJ: Prentice Hall.

Vaughan, Emmett J. and Vaughan, Therese M.（2003）. *Fundamentals of Risk and Insurance.* 9th Edition. New York, NY: John Wiley & Sons.

Warren, Carl S., Reeve, James M. and Fess, Philip E.（2001）. *Accounting.* 2nd Edition. Mason, OH: South-Western College Publishing.

White, Gerald I., Sondhi, Ashwinpaul C. and Fried, Dov（2002）. *The Analysis and Use of Financial Statements.* 3rd Edition. Hoboken, NJ: John Wiley & Sons Inc.

Williams, Paul H.（1999）. *Model Building in Mathematical Programming.* 4th Edition. New York, NY: John Wiley & Sons.

附錄一 商業會計法

商業會計法

民國 89 年 04 月 26 日修正

第一章　總則

第 1 條　商業會計事務之處理，依本法之規定。

公營事業會計事務之處理，除其他法律另有規定者外，適用本法之規定。

第 2 條　本法所稱商業，謂以營利為目的之事業，其範圍依商業登記法、公司法及其他法律之規定。

商業會計事務，謂依據一般公認會計原則從事商業會計事務之處理及據以編製財務報表。

第 3 條　本法所稱主管機關：在中央為經濟部；在直轄市為直轄市政府；在縣（市）為縣（市）政府。

第 4 條　本法所稱商業負責人依公司法第八條、商業登記法第九條及其他法律有關之規定。

第 5 條　商業會計事務之處理，應設置會計人員辦理之。

公司組織主辦會計人員之任免，在股份有限公司應由董事會以董事過半數之出席，及出席董事過半數同意之決議行之；在有限公司須有全體股東過半數同意；在無限公司、兩合公司須有全體無限責任股東過半數同意。

前項主辦會計人員之任免，公司章程有較高規定者，從其規定。

會計人員依法辦理會計事務，應受經理人之指揮監督，其離職或變更職務時，應於五日內辦理交代。

商業會計事務，得委由會計師或依法取得代他人處理會計事務資格之人辦理之；其登記及管理辦法，由中央主管機關定之。

第 6 條　商業以每年一月一日起至十二月三十一日止為會計年度。但法律另有規定，或因營業上有特殊需要者，不在此限。

第 7 條　商業應以國幣為記帳本位，其由法令規定，以當地通用貨幣為記帳單位者，從其規定，至因業務實際需要，而以外國貨幣記帳者，仍應在其決算表中，將外國貨幣折合國幣或當地通用之貨幣。

第 8 條　商業會計之記載，除記帳數字適用阿拉伯字外，應以中文為之；其因事實上之需要，而須加註或併用外國文字，或當地通用文字者，仍以中國文字為準。

第 9 條　商業之支出超過一定金額以上者，應使用匯票、本票、支票、劃撥或其他經主管機關核定之支付工具或方法，並載明受款人。

前項之金額由中央主管機關定之。

第 10 條　會計基礎採用權責發生制，在平時採用現金收付制者，俟決算時，應照權責發生制予以調整。

所謂權責發生制，係指收益於確定應收時，費用於確定應付時，即行入帳。決算時收益及費用，並按其應歸屬年度作調整分錄。

所稱現金收付制，係指收益於收入現金時，或費用於付出現金時，始行入帳。

第 11 條　凡商業之資產、負債或業主權益發生增減變化之事項，稱為會計事項。

會計事項涉及其商業本身以外之人，而與之發生權責關係者，為對外會計事項；不涉及其商業本身以外之人者，為內部會計事項。

會計事項之記錄，應用雙式簿記方法為之。

第 12 條　中央主管機關得釐訂商業通用會計制度規範。

同性質之商業，得由同業公會釐訂其業別之會計制度規範，報請中央主管機關核備。

商業得依其實際業務情形、會計事務之性質、內部控制及

　　　　　　管理上之需要，釐訂其會計制度。

第 13 條　　商業通用之會計憑證、會計科目、帳簿及財務報表，其名
　　　　　　稱、格式及財務報表編製方法等有關規定之商業會計處理
　　　　　　準則，由中央主管機關定之。

第二章　會計憑證

第 14 條　　會計事項之發生，均應取得或給與足以證明之會計憑證。

第 15 條　　商業會計憑證分左列二類：
　　　　　　一　原始憑證：證明事項之經過，而為造具記帳憑證所根
　　　　　　　　據之憑證。
　　　　　　二　記帳憑證：證明處理會計事項人員之責任，而為記帳
　　　　　　　　所根據之憑證。

第 16 條　　原始憑證，其種類規定如左：
　　　　　　一　外來憑證：係自其商業本身以外之人所取得者。
　　　　　　二　對外憑證：係給與其商業本身以外之人者。
　　　　　　三　內部憑證：係由其商業本身自行製存者。

第 17 條　　記帳憑證，其種類規定如左：
　　　　　　一　收入傳票。
　　　　　　二　支出傳票。
　　　　　　三　轉帳傳票。
　　　　　　前項所稱轉帳傳票，得應事實需要，分為現金轉帳傳票及
　　　　　　分錄轉帳傳票，各種傳票，得以顏色或其他方法區別之。

第 18 條　　商業應根據原始憑證，編製記帳憑證，根據記帳憑證，登
　　　　　　入帳簿。但整理結算及結算後轉入帳目等事項，得不檢附
　　　　　　原始憑證。
　　　　　　商業會計事務較簡或原始憑證已符合記帳需要者，得不另
　　　　　　製記帳憑證，而以原始憑證，作為記帳憑證。

第 19 條　　對外會計事項應有外來或對外憑證，內部會計事項應有內
　　　　　　部憑證以資證明。
　　　　　　原始憑證，其因事實上限制，無法取得或因意外事故毀

損、缺少或滅失者，除依法令規定程序辦理外，應根據其
事實及金額作成憑證，由商業負責人或其指定人員簽字或
蓋章，憑以記帳。

無法取得原始憑證之會計事項，商業負責人得令經辦及主
管該事項之人員，分別或連帶負責證明。

第三章　會計帳簿

第 20 條　會計帳簿分左列二類：
　　　　　一　序時帳簿：以事項發生之時序為主而為記錄者。
　　　　　二　分類帳簿：以事項歸屬之會計科目為主而為記錄者。
　　　　　序時帳簿及分類帳簿，得就事實上之需要採用活頁及設置
　　　　　專欄。但應有一種為訂本式。

第 21 條　序時帳簿分左列二種：
　　　　　一　普通序時帳簿：以對於一切事項為序時登記或並對於
　　　　　　　特種序時帳項之結數為序時登記而設者，如日記簿或
　　　　　　　分錄簿等屬之。
　　　　　二　特種序時帳簿：以對於特種事項為序時登記而設者，
　　　　　　　如現金簿、銷貨簿、進貨簿等屬之。

第 22 條　分類帳簿分左列二種：
　　　　　一　總分類帳簿：為記載各統馭科目而設者。
　　　　　二　明細分類帳簿：為記載各統馭科目之明細科目而設
　　　　　　　者。

第 23 條　商業必須設置之帳簿，為普通序時帳簿及總分類帳簿。製
　　　　　造業或營業範圍較大者，並得設置記錄成本之帳簿，或必
　　　　　要之特種序時帳簿及各種明細分類帳簿；但其會計組織健
　　　　　全，使用總分類帳科目日計表者，得免設普通序時帳簿。

第 24 條　商業所置帳簿，均應按其頁數順序編號，不得撕毀。

第 25 條　商業應設置帳簿目錄，記明其設置使用之帳簿名稱、性
　　　　　質、啟用停用日期、已用未用頁數，由商業負責人及經辦
　　　　　會計人員會同簽字。

第 26 條　商業帳簿所記載之人名帳戶，應載明其人之真實姓名，並應在分戶帳內註明其住所，如為共有人之帳戶，應載明代表人之真實姓名及住所。

商業帳簿所記載之財物帳戶，應載明其名稱、種類、價格、數量及其存置地點。

第四章　會計科目、財務報表

第 27 條　會計科目，除法律另有規定外，分左列九類：

一　資產類：指流動資產、基金及長期投資、固定資產、遞耗資產、無形資產、其他資產等項。

二　負債類：指流動負債、長期負債、其他負債等項。

三　業主權益類：指資本或股本、公積、盈虧等項。

四　營業收入類：指銷貨收入、勞務收入、業務收入、其他營業收入等項。

五　營業成本類：指銷貨成本、勞務成本、業務成本、其他營業成本等項。

六　營業費用類：指推銷費用、管理及總務費用等項。

七　營業外收入及費用類：指營業外收入、營業外費用等項。

八　非常損益類：指性質特殊且非經常發生之項目。

九　所得稅：指本期應負擔之所得稅費用。

前項會計科目之分類，商業得視實際需要增減之。

第 28 條　財務報表分左列各種：

一　資產負債表。

二　損益表。

三　現金流量表。

四　業主權益變動表或累積盈虧變動表或盈虧撥補表。

五　其他財務報表。

前項各款報表應予必要之註釋，並視為各該報表之一部分。

第一項資產負債表及損益表，商業得視實際需要，另編各科目明細表及成本計算表。

第 29 條　前條第二項所稱財務報表必要之註釋，係指左列事項：

一　重要會計處理方法，如折舊方法、存貨計價方法等及其他應行註釋事項之彙總說明。

二　會計方法之變更，其理由及對財務報表之影響。

三　債權人對於特定資產之權利。

四　重大之承諾事項及或有負債。

五　盈餘分配所受之限制。

六　業主權益之重大事項。

七　重大之期後事項。

八　其他為避免閱讀者誤解或有助於財務報表之公正表達所必要說明之事項。

前項應加註釋之事項，得於財務報表上各有關科目後以括弧列明，或以附註或附表方式為之。

第 30 條　財務報表之編製依會計年度為之。但得另編各種定期與不定期之報表。

第 31 條　財務報表上之科目，得視事實需要，或依法律規定，作適當之分類及歸併，前後期之科目分類必須一致；上期之科目分類，如與本期不一致時，應重新予以分類並附註說明之。

第 32 條　年度財務報表之格式，除新成立之商業外，應採二年度對照方式，以當年度及上年度之金額併列表達。

第五章　會計事務處理程序

第 33 條　非根據真實事項，不得造具任何會計憑證，並不得在帳簿表冊作任何記錄。

第 34 條　會計事項應按發生次序逐日登帳，至遲不得超過二個月。

第 35 條　記帳憑證及會計帳簿，應由代表商業之負責人、經理人、主辦及經辦會計人員簽名或蓋章負責。

第 36 條　會計憑證，應按日或按月裝訂成冊，有原始憑證者應附於記帳憑證之後；其為權責存在之憑證或應予永久保存或另行裝訂較便者，得另行保管。但須互註日期及編號。

第 37 條　對外憑證之繕製，應至少自留副本或存根一份，副本或存根上所記該事項之要點及金額，不得與正本有所差異。
前項對外憑證之正本或存根均應依次編定字號，並應將其副本或存根，裝訂成冊；其正本之誤寫或收回作廢者，應將其粘附於原號副本或存根之上，其有缺少或不能收回者，應在其副本或存根上註明其理由。

第 38 條　各項會計憑證，除應永久保存或有關未結會計事項者外，應於年度決算程序辦理終了後，至少保存五年。
各項會計帳簿及財務報表，應於年度決算程序辦理終了後，至少保存十年。但有關未結會計事項者，不在此限。

第 39 條　會計事項應取得並可取得之會計憑證，如因經辦或主管該項人員之故意或過失，致該項會計憑證毀損、缺少或滅失而致商業遭受損害時，該經辦或主管人員應負賠償之責。

第 40 條　商業得使用電子計算機處理全部或部分會計資料。其辦法由中央主管機關定之。

第六章　入帳基礎

第 41 條　各項資產應以取得、製造或建造時之實際成本為入帳基礎。
所稱實際成本，凡資產出價取得者，指其取得價格及自取得至適於營業上使用或出售之一切必要而合理之支出；其自行製造或建造者，指自行製造或建造，以至適於營業上使用或出售所發生之直接成本及應分攤之間接費用。

第 42 條　資產之取得以現金以外之其他資產或承擔負債交換者，應以所付資產之成本或承擔負債之現值與取得資產之時價，以其較為明確或較低者入帳。
受贈資產按時價入帳，並視其性質列為資本公積或其他收

入；無時價時得以適當估價計算之。

所稱時價者，係指當時當地之市價而言。

第 43 條　存貨、存料、在製品、製成品、副產品等盤存之估價，以實際成本為準；成本高於時價時，應以時價為準。跌價損失應列當期損失。

前項成本得按資產之種類或性質，採用個別辨認法、先進先出法、後進先出法、加權平均法、移動平均法或其他經主管機關核定之方法計算之。

所稱個別辨認法，係指個別資產以其實際成本，作為領用或售出之成本。

所稱先進先出法，係指同種類或同性質之資產，依照取得次序，以其最先進入部分之成本，作為最先領用，或售出部分之成本。

所稱後進先出法，係指同種類或同性質之資產，依照取得次序倒算，以其最後進入部分之成本，作為最先領用或售出部分之成本。

所稱加權平均法，係指同種類或同性質之資產，本期各批取得總價額與期初餘額之和，除以該項資產本期各批取得數量與期初數量之和，所得之平均單價，作為本期領用或售出部分之成本。

所稱移動平均法，係指同種類或同性質之資產，各次取得之數量及價格，與其前存餘額，合併計算所得之加權平均單價，作為領用或售出部分之平均單位成本。

第 44 條　有價證券之估價以取得時之實際成本為準，並準用前條規定之計價方法。

短期投資有公開市場隨時可以變現之有價證券，期末應按成本與時價孰低估價。跌價損失應作為當期損失，以後年度之漲價應於原列損失之範圍內作為當期收益。

長期股權投資應視投資之性質及影響力之大小，採用成本法、成本與市價孰低法或權益法評價。

前項所稱權益法，係指被投資公司股東權益發生增減變化時，投資公司應依投資比例增減投資之帳面價值，並依其性質作為投資損益或資本公積。

第 45 條　各項債權之估價應以扣除估計之備抵呆帳後之餘額為準，並分別設置備抵呆帳科目；其已確定為呆帳者，應即以所提備抵呆帳沖轉有關債權科目。

備抵呆帳不足沖轉時，不足之數應以當期損失列帳。

因營業而發生之應收帳款及應收票據，應與非因營業而發生之應收帳款及應收票據分別列示。

第 46 條　折舊性固定資產之估價，應設置累計折舊科目，列為各該資產之減項。

固定資產之折舊，應逐年提列。

固定資產計算折舊時，應預估其殘值，其依折舊方法應先減除殘值者，以減除殘值後之餘額為計算基礎。

固定資產折舊足額，仍可繼續使用者，不得再提折舊。

第 47 條　固定資產之折舊方法，以採用平均法、定率遞減法、年數合計法、生產數量法、工作時間法或其他經主管機關核定之折舊方法為準；資產種類繁多者，得分類綜合計算之。

所稱平均法，係指依固定資產之估計使用年數，每期提相同之折舊額。

所稱定率遞減法，係指依固定資產之估計使用年數，按公式求出其折舊率，每年以固定資產之帳面價值，乘以折舊率計算其當年之折舊額。

所稱年數合計法，係指以固定資產之應折舊總額，乘以一遞減之分數，其分母為使用年數之合計數，分子則為各使用年次之相反順序，求得各該項之折舊額。

所稱生產數量法，係指以固定資產之估計總生產量，除其應折舊之總額，算出一單位產量應負擔之折舊額，乘以每年實際之生產量，求得各該期之折舊額。

所稱工作時間法，係指以固定資產之估計全部使用時間除

其應折舊之總額，算出一單位工作時間應負擔之折舊額，乘以每年實際使用之工作總時間，求得各該期之折舊額。

第 48 條　支出之效益及於以後各期者，列為資產。其效益僅及於當期或無效益者，列為費用或損失。

數額較為鉅大之非常損失，不宜全部由本期負擔者，得分期負擔之。

第 49 條　遞耗資產應設置累計折耗科目按期提列折耗額。

第 50 條　購入之商譽、商標權、專利權、著作權、特許權及其他無形資產，應以實際成本為取得成本。

前項無形資產以自行發展取得者，僅得以申請登記之成本作為取得成本，其發生之研究發展費用，應作為當期費用。

無形資產之成本，應按照效用存續期限分期攤銷。

商業創業期間發生之費用，除因設立所發生之必要支出具有未來經濟效益得予遞延外，應作為當期費用。

前項所稱創業期間，係指商業自開始籌備至所計畫之主要營業活動開始且產生重要收入前所涵蓋之期間。

第 51 條　固定資產、遞耗資產及無形資產，得依法令規定辦理資產重估價。自用土地得按公告現值調整之。

第 52 條　依前條辦理重估或調整之資產而發生之增值，應列為資本公積項下之資產重估增值準備，並得依法轉作資本，不作收益處理，減值部分應先沖減資產重估增值準備，不足時依法減資。

經重估之資產，應按其重估後之價額入帳，自重估年度翌年起，其折舊、折耗或攤銷之計提，均應以重估價值為基礎。

自用土地經依公告現值調整後而發生之增值，經減除估計之土地增值稅準備及其他法令規定應減除之準備後，列為資本公積項下之資產重估增值準備。

第 53 條　預付費用應為有益於未來，確應由以後期間負擔之費用，

其估價應以其有效期間未經過部分為準；用品盤存之估價，應以其未消耗部分之數額為準；開辦費及其他遞延費用之估價，應以未攤銷之數額為準。

第 54 條　各項負債應各依其到期時應償付之數額列計。

公司債之溢價或折價，應列為公司債之加項或減項。

第 55 條　資本以現金以外之財物抵繳者，以該項財物之時價為標準；無時價可據時得估計之。

第 56 條　會計事項之入帳基礎及處理方法，應前後一貫，如有正當理由必須變更，應在財務報表中說明其理由、變更情形及影響。

第 57 條　商業在合併、解散、終止或轉讓時，其資產之計價應依其性質，以時價、帳面價值或實際成交價格為準。

第七章　損益計算

第 58 條　商業在同一會計年度內所發生之全部收益，減除同期之全部成本、費用及損失後之差額為該期稅前純益或純損；再減除營利事業所得稅後為該期稅後純益或純損。

前項所稱全部收益及全部成本、費用及損失，包括結帳期間，按權責發生制應調整之各項損益及非常損益等在內。

收入之抵銷額不得列為費用，費用之抵銷額不得列為收入。

第 59 條　營業收入應於交易完成時認列。但長期工程合約之工程損益可合理估計者，應於完工期前按完工比例法攤計列帳；分期付款銷貨收入得視其性質按毛利百分比攤算入帳；勞務收入依其性質分段提供者得分段認列。

前項所稱交易完成時，在採用現金收付制之商業，指現金收付之時而言，採用權責發生制之商業，指交付貨品或提供勞務完畢之時而言。

第 60 條　營業成本及費用，應與所由獲得之營業收入相配合，同期認列。

損失應於發生之當期認列。

第 61 條　商業有支付員工退休金之義務者，應於員工在職期間依法提列退休金準備或提撥與商業完全分離之退休準備金或退休基金並認列當期費用。

第 62 條　申報營利事業所得稅時，各項所得計算依稅法規定所作調整，應不影響帳面記錄。

第 63 條　因防備不可預估之意外損失而提列之準備，或因事實需要而提列之改良擴充準備、償債準備及其他依性質應由保留盈餘提列之準備，不得作為提列年度之費用或損失。

第 64 條　商業盈餘之分配，如股息、紅利等不得作為費用或損失。

第八章　決算及審核

第 65 條　商業之決算應於會計年度終了後二個月內辦理完竣；必要時得延長一個半月。

第 66 條　商業每屆決算應編製左列報表：

一　營業報告書。

二　財務報表。

營業報告書之內容包括經營方針、實施概況、營業計畫實施成果、營業收支預算執行情形、獲利能力分析、研究發展狀況等，其項目格式由商業視實際需要訂定之。

決算報表應由代表商業之負責人、經理人及主辦會計人員簽名或蓋章負責。

第 67 條　有分支機構之商業，於會計年度終了時，應將其本分支機構之帳目合併辦理決算。

第 68 條　商業出資人、合夥人或股東對於商業負責人、主辦及經辦會計人員所編造之決算報表，經審核後認為確實者應予承認，如有必要得委託會計師審核。

商業負責人及主辦會計人員，對於該年度會計上之責任，於前項決算報表獲得承認後解除。但有不正當行為者，不在此限。

第 69 條　代表商業之負責人應將各項決算報表備置於本機構。
　　　　商業之利害關係人，如因正當理由而請求查閱前項決算報
　　　　表時，代表商業之負責人於不違反其商業利益之限度內應
　　　　許其查閱。

第 70 條　商業之利害關係人，得因正當理由，聲請法院選派檢查
　　　　員，檢查該商業之帳簿報表及憑證。

第九章　罰則

第 71 條　商業負責人、主辦及經辦會計人員或依法受託代他人處理
　　　　會計事務之人員有左列情事之一者，處五年以下有期徒
　　　　刑、拘役或科或併科新台幣十五萬元以下罰金：
　　　一　以明知為不實之事項，而填製會計憑證或記入帳冊
　　　　者。
　　　二　故意使應保存之會計憑證、帳簿報表滅失毀損者。
　　　三　意圖不法之利益而偽造、變造會計憑證、帳簿報表內
　　　　容或撕毀其頁數者。
　　　四　故意遺漏會計事項不為記錄，致使財務報表發生不實
　　　　之結果者。
　　　五　其他利用不正當方法，致使會計事項或財務報表發生
　　　　不實之結果者。

第 72 條　使用電子計算機處理會計資料之商業，其前條所列人員或
　　　　處理該電子計算機有關人員有左列情事之一者，處五年以
　　　　下有期徒刑、拘役或科或併科新臺幣十五萬元以下罰金：
　　　一　故意登錄或輸入不實資料者。
　　　二　故意毀損、滅失、塗改貯存體之會計資料，致使財務
　　　　報表發生不實之結果者。
　　　三　故意遺漏會計事項不為登錄，致使財務報表發生不實
　　　　之結果者。
　　　四　其他利用不正當方法，致使會計事項或財務報表發生
　　　　不實之結果者。

第 73 條　主辦及經辦會計人員、依法受託代他人處理會計事務之人員或處理電子計算機有關人員，犯前二條之罪，於事前曾表示拒絕或提出更正意見有確實證據者，得減輕或免除其刑。

第 74 條　未依法取得代他人處理會計事務之資格而擅自代他人處理商業會計事務者，處新臺幣十萬元以下罰金；其續犯者，處一年以下有期徒刑、拘役或科或併科新臺幣十五萬元以下罰金。

第 74-1 條　未依法取得代他人處理會計事務之資格，擅自代他人處理商業會計事務而有第七十一條、第七十二條各款情事之一者，應依各該條規定處斷。

第 74-2 條　本法修正公布施行前，未依法取得代他人處理會計事務之資格而已從事代他人處理商業會計事務，且有報繳該項執行業務所得者，得繼續執業至依法取得資格之法公布施行後七年止；於其執業期間，並不適用第七十四條之規定。

第 75 條　代表商業之負責人、經理人、主辦及經辦會計人員，或依法受託代他人處理會計事務之人員，有左列各款情事之一者，處新台幣十五萬元以下罰鍰：

一　違反第二十三條規定不設置帳簿者。但依規定免設者不在此限。

二　違反第二十四條規定撕毀帳簿頁數或毀滅審計軌跡者。

三　違反第三十八條規定不依期限保存帳表憑證者。

四　不依第六十五條規定如期辦理決算者。

五　違反第六章、第七章規定編製內容顯不確實之決算報表者。

六　拒絕第七十條所規定之檢查者。

第 76 條　公司負責人違反第五條第一項或第二項規定者，處新台幣九萬元以下罰鍰。

第 77 條　代表商業之負責人、經理人、主辦及經辦會計人員或依法

受託代他人處理會計事務之人員，有左列各款情事之一者，處新台幣九萬元以下罰鍰：

一　違反第七條或第八條規定記帳者。

二　違反第九條規定者。

三　違反第十四條規定不取得原始憑證或給與他人憑證者。

四　違反第二十五條規定不設置應備之帳簿目錄者。

五　違反第三十三條不依規定造具記帳憑證者。

六　違反第三十四條規定不按時記帳者。

七　違反第三十六條不依規定裝訂會計憑證者。

八　違反第六十六條規定不造具報表者。

九　違反第六十九條規定不將決算報表置於本機構或無正當理由拒絕利害關係人查閱者。

第 78 條　依本法所處之罰鍰拒不繳納者，移送法院強制執行。

第 一○ 章　附則

第 79 條　小規模之合夥或獨資商業，得不適用本法之規定。

前項小規模之合夥或獨資商業，其標準由中央主管機關酌察各省（市）縣（市）區內經濟情形擬報行政院核定之。

第 80 條　本法自公布日施行。

附錄二　加值型及非加值型營業稅法

加值型及非加值型營業稅法

民國 92 年 06 月 25 日修正

第一章　總則

第 1 條　在中華民國境內銷售貨物或勞務及進口貨物，均應依本法規定課徵加值型或非加值型之營業稅。

第 1-1 條　本法所稱加值型之營業稅，係指依第四章第一節計算稅額者；所稱非加值型之營業稅，係指依第四章第二節計算稅額者。

第 2 條　（納稅義務人）營業稅之納稅義務人如左：

一　銷售貨物或勞務之營業人。

二　進口貨物之收貨人或持有人。

三　外國之事業、機關、團體、組織，在中華民國境內無固定營業場所者，其所銷售勞務之買受人。但外國國際運輸事業，在中華民國境內無固定營業場所而有代理人者，為其代理人。

第 3 條　（銷售貨物、銷售勞務之意義）將貨物之所有權移轉與他人，以取得代價者，為銷售貨物。

提供勞務予他人，或提供貨物與他人使用、收益，以取得代價者，為銷售勞務。但執行業務者提供其專業性勞務及個人受僱提供勞務，不包括在內。

有左列情形之一者，視為銷售貨物：

一　營業人以其產製、進口、購買供銷售之貨物，轉供營業人自用；或以其產製、進口、購買之貨物，無償移轉他人所有者。

二　營業人解散或廢止營業時所餘存之貨物，或將貨物抵償債務、分配與股東或出資人者。

　　三　營業人以自己名義代為購買貨物交付與委託人者。

　　四　營業人委託他人代銷貨物者。

　　五　營業人銷售代銷貨物者。

　　前項規定於勞務準用之。

第 3-1 條　信託財產於左列各款信託關係人間移轉或為其他處分者，不適用前條有關視為銷售之規定：

　　一　因信託行為成立，委託人與受託人間。

　　二　信託關係存續中受託人變更時，原受託人與新受託人間。

　　三　因信託行為不成立、無效、解除、撤銷或信託關係消滅時，委託人與受託人間。

第 4 條　（在中華民國境內銷售貨物之意義）有左列情形之一者，係在中華民國境內銷售貨物：

　　一　銷售貨物之交付須移運者，其起運地在中華民國境內。

　　二　銷售貨物之交付無須移運者，其所在地在中華民國境內。

　　有左列情形之一者，係在中華民國境內銷售勞務：

　　一　銷售之勞務係在中華民國境內提供或使用者。

　　二　國際運輸事業自中華民國境內載運客、貨出境者。

　　三　外國保險業自中華民國境內保險業承保再保險者。

第 5 條　（進口貨物之意義）貨物有左列情形之一者，為進口：

　　一　貨物自國外進入中華民國境內者。但進入政府核定之免稅出口區內之外銷事業、科學工業園區內之園區事業及海關管理之保稅工廠或保稅倉庫者，不包括在內。

　　二　貨物自前款但書所列之事業、工廠或倉庫進入中華民國境內之其他地區者。

第 6 條　（營業人之意義）有左列情形之一者，為營業人：

　　一　以營利為目的之公營、私營或公私合營之事業。

二　非以營利為目的之事業、機關、團體、組織，有銷售
　　貨物或勞務者。

三　外國之事業、機關、團體、組織，在中華民國境內之
　　固定營業場所。

第二章　減免範圍

第 7 條　（零稅率之貨物或勞務）左列貨物或勞務之營業稅稅率為
　　　　　零：

一　外銷貨物。

二　與外銷有關之勞務，或在國內提供而在國外使用之勞
　　務。

三　依法設立之免稅商店銷售與過境或出境旅客之貨物。

四　銷售與免稅出口區內之外銷事業、科學工業園區內之
　　園區事業、海關管理保稅工廠或保稅倉庫之機器設
　　備、原料、物料、燃料、半制品。

五　國際間之運輸。但外國運輸事業在中華民國境內經營
　　國際運輸業務者，應以各該國對中華民國國際運輸事
　　業予以相等待遇或免徵類似稅捐者為限。

六　國際運輸用之船舶、航空器及遠洋漁船。

七　銷售與國際運輸用之船舶、航空器及遠洋漁船所使用
　　之貨物或修繕勞務。

第 8 條　左列貨物或勞務免徵營業稅：

一　出售之土地。

二　供應之農田灌溉用水。

三　醫院、診所、療養院提供之醫療勞務、藥品、病房
　　之住宿及膳食。

四　托兒所、養老院、殘障福利機構提供之育、養勞
　　務。

五　學校、幼稚園與其他教育文化機構提供之教育勞務
　　及政府委託代辦之文化勞務。

六　　出版業發行經主管教育行政機關審定之各級學校所用教科書及經政府依法獎勵之重要學術專門著作。

七　　（刪除）。

八　　職業學校不對外營業之實習商店銷售之貨物或勞務。

九　　依法登記之報社、雜誌社、通訊社、電視臺與廣播電臺銷售其本事業之報紙、出版品、通訊稿、廣告、節目播映及節目播出。但報社銷售之廣告及電視臺之廣告播映不包括在內。

一〇　合作社依法經營銷售與社員之貨物或勞務及政府委託其代辦之業務。

一一　農會、漁會、工會、商業會、工業會依法經營銷售與會員之貨物或勞務及政府委託其代辦之業務。

一二　依法組織之慈善救濟事業標售或義賣之貨物與舉辦之義演，其收入除支付標售、義賣及義演之必要費用外，全部供作該事業本身之用者。

一三　政府機構、公營事業及社會團體，依有關法令組設經營不對外營業之員工福利機構，銷售之貨物或勞務。

一四　監獄工廠及其作業成品售賣所銷售之貨物或勞務。

一五　郵政、電信機關依法經營之業務及政府核定之代辦業務。

一六　政府專賣事業銷售之專賣品及經許可銷售專賣品之營業人，依照規定價格銷售之專賣品。

一七　代銷印花稅票或郵票之勞務。

一八　肩挑負販沿街叫賣者銷售之貨物或勞務。

一九　飼料及未經加工之生鮮農、林、漁、牧產物、副產物。

二〇　漁民銷售其捕獲之魚介。

二一　稻米、麵粉之銷售及碾米加工。

二二 依第四章第二節規定計算稅額之營業人，銷售其非經常買進、賣出而持有之固定資產。

二三 保險業承辦政府推行之軍公教人員與其眷屬保險、勞工保險、學生保險、農、漁民保險、輸出保險及強制汽車第三人責任保險，以及其自保費收入中扣除之再保分出保費、人壽保險提存之責任準備金、年金保險提存之責任準備金及健康保險提存之責任準備金。但人壽保險、年金保險、健康保險退保收益及退保收回之責任準備金，不包括在內。

二四 各級政府發行之債券及依法應課徵證券交易稅之證券。

二五 各級政府機關標售膳剩或廢棄之物資。

二六 銷售與國防單位使用之武器、艦艇、飛機、戰車及與作戰有關之偵訊、通訊器材。

二七 肥料、農業、畜牧用藥、農耕用之機器設備、農地搬運車及其所用油、電。

二八 供沿岸、近海漁業使用之漁船、供漁船使用之機器設備、漁網及其用油。

二九 銀行業總、分行往來之利息、信託投資業運用委託人指定用途而盈虧歸委託人負擔之信託資金收入及典當業銷售不超過應收本息之流當品。

三〇 金條、金塊、金片、金幣及純金之金飾或飾金。但加工費不在此限。

三一 經主管機關核准設立之學術、科技研究機構提供之研究勞務。

三二 經營衍生性金融商品、公司債、金融債券、新台幣拆款及外幣拆款之銷售額。但佣金及手續費不包括在內。

銷售前項免稅貨物或勞務之營業人，得申請財政部核准放棄適用免稅規定，依第四章第一節規定計算

營業稅額。但核准後三年內不得變更。

第 8-1 條　受託人因公益信託而標售或義賣之貨物與舉辦之義演，其收入除支付標售、義賣及義演之必要費用外，全部供作該公益事業之用者，免徵營業稅。

前項標售、義賣及義演之收入，不計入受託人之銷售額。

第 8-2 條　銀行業、保險業、信託投資業、證券業、期貨業、票券業及典當業，經營專屬本業之銷售額，自中華民國九十五年一月起，免徵營業稅。

第 9 條　（免徵營業稅之進口貨物）進口左列貨物免徵營業稅：

一　第七條第一項第六款及第八條第一項第三十款之貨物。

二　關稅法第二十六條規定之貨物。但因轉讓或變更用途依照同法第三十一條規定補繳關稅者，應補繳營業稅。

三　本國之古物。

第三章　稅率

第 10 條　（稅率之上限與下限）營業稅稅率，除本法另有規定外，最低不得少於百分之五，最高不得超過百分之十；其徵收率，由行政院定之。

第 11 條　銀行業、保險業、信託投資業、證券業、期貨業、票券業及典當業，除經營非專屬本業之銷售額適用第十條規定之營業稅稅率外，其營業稅稅率為百分之二。但保險業之再保費收入之營業稅稅率為百分之一。

前項非專屬本業之範圍，由財政部擬訂相關辦法，報行政院核定。

第一項各業除保險業之再保費收入外，應自中華民國八十八年七月一日起，就其經營非專屬本業以外之銷售額百分之三之相當金額，依目的事業主管機關之規定，沖銷各業逾期債權或提列備抵呆帳。其在期限內所沖銷或提列之金額未符目的事業主管機關之規定者，應另就其未符規定部

分之銷售額，按百分之三徵收營業稅。

前項以百分之三營業稅沖銷逾期債權或提列備抵呆帳之適用期間，於第一項各業之機構逾期放款比率低於百分之一時，即停止適用。

適用第一項規定之各業，自中華民國九十一年一月起至行政院金融重建基金設置及管理條例第四條第一項第一款規定停止列入行政院金融重建基金財源之日止之營業稅稅款，專款撥供行政院金融重建基金作為處理問題金融機構之用，並不受財政收支劃分法有關條文之限制。

金融營業稅收移作行政院金融重建基金財源或調降為零後，行政院應確實依財政收支劃分法第三十八條之一規定，補足地方各級政府因統籌分配款所減少之收入。嗣後財政收支劃分法修正後，從其規定。

第 12 條　（特種飲食業之稅率）特種飲食業之營業稅稅率如左：

一　夜總會、有娛樂節目之餐飲店之營業稅稅率為百分之十五。

二　酒家及有女性陪侍之茶室、咖啡廳、酒吧等之營業稅稅率為百分之二十五。

第 13 條　（稅率百分之一之營業人）小規模營業人及其他經財政部規定免予申報銷售額之營業人，其營業稅稅率為百分之一。

農產品批發市場之承銷人及銷售農產品之小規模營業人，其營業稅稅率為百分之零點一。

前二項小規模營業人，指第十一條、第十二條所列各業以外之規模狹小，平均每月銷售額未達財政部規定標準而按查定課徵營業稅之營業人。

第四章　稅額計算

第一節　一般稅額計算

第 14 條　（銷項稅額之計算）營業人銷售貨物或勞務，除本章第二節另有規定外，均應就銷售額，分別按第七條或第十條規定計算其銷項稅額，尾數不滿通用貨幣一元者，按四捨五入計算。

銷項稅額，指營業人銷售貨物或勞務時，依規定應收取之營業稅額。

第 15 條　（當期應納或溢付營業稅額之計算）營業人當期銷項稅額，扣減進項稅額後之餘額，為當期應納或溢付營業稅額。

營業人因銷貨退回或折讓而退還買受人之營業稅額，應於發生銷貨退回或折讓之當期銷項稅額中扣減之。營業人因進貨退出或折讓而收回之營業稅額，應於發生進貨退出或折讓之當期進項稅額中扣減之。

進項稅額，指營業人購買貨物或勞務時，依規定支付之營業稅額。

第 16 條　第十四條所定之銷售額，為營業人銷售貨物或勞務所收取之全部代價，包括營業人在貨物或勞務之價額外收取之一切費用。但本次銷售之營業稅額不在其內。

前項貨物如係應徵貨物稅或菸酒稅之貨物，其銷售額應加計貨物稅額或菸酒稅額在內。

第 17 條　（銷售額之計算 （二））營業人以較時價顯著偏低之價格銷售貨物或勞務而無正當理由者，主管稽徵機關得依時價認定其銷售額。

第 18 條　（銷售額之計算 （三））國際運輸事業自中華民國境內載運客貨出境者，其銷售額依左列規定計算：

一　海運事業：指自中華民國境內承載旅客出境或承運貨物出口之全部票價或運費。

二　空運事業：

㈠空運：指自中華民國境內承載旅客至中華民國境外第一站間之票價。

　　　　　　　　㈡貨運：指自中華民國境內承運貨物出口之全程運
　　　　　　　　費。但承運貨物出口之國際空運事業，如因航線限
　　　　　　　　制等原因，在航程中途將承運之貨物改由其他國際
　　　　　　　　空運事業之航空器轉載者，按承運貨物出口國際空
　　　　　　　　運事業實際承運之航程運費計算。
　　　　　　　前項第二款第一目所稱中華民國境外第一站，由財
　　　　　　　政部定之。
第 19 條　　（進項稅額不得扣抵銷項稅額之情形）營業人左列進項稅
　　　　　額，不得扣抵銷項稅額：
　　　一　購進之貨物或勞務未依規定取得並保存第三十三條所
　　　　　列之憑證者。
　　　二　非供本業及附屬業務使用之貨物或勞務。但為協助國
　　　　　防建設、慰勞軍隊及對政府捐獻者，不在此限。
　　　三　交際應酬用之貨物或勞務。
　　　四　酬勞員工個人之貨物或勞務。
　　　五　自用乘人小汽車。
　　　　　營業人專營第八條第一項免稅貨物或勞務者，其進項稅額
　　　　　不得申請退還。
　　　　　營業人因兼營第八條第一項免稅貨物或勞務，或因本法其
　　　　　他規定而有部分不得扣抵情形者，其進項稅額不得扣抵銷
　　　　　項稅額之比例與計算辦法，由財政部定之。
第 20 條　　進口貨物按關稅完稅價格加計進口稅捐後之數額，依第十
　　　　　條規定之稅率計算營業稅額。
　　　　　前項貨物如係應徵貨物稅或菸酒稅之貨物，按前項數額加
　　　　　計貨物稅額或菸酒稅額後計算營業稅額。
第二節　　特種稅額計算
第 21 條　　銀行業、保險業、信託投資業、證券業、期貨業、票券業
　　　　　及典當業，就其銷售額按第十一條規定之稅率計算營業稅
　　　　　額。但典當業得依查定之銷售額計算之。
第 22 條　　（特種飲食業營業稅額之計算）第十二條之特種飲食業，

就其銷售額按同條規定之稅率計算營業稅額。但主管稽徵機關得依查定之銷售額計算之。

第 23 條　（依主管稽徵機關查定之銷售額依百分之一稅率計算之情形）農產品批發市場之承銷人、銷售農產品之小規模營業人、小規模營業人及其他經財政部規定免予申報銷售額之營業人，除申請按本章第一節規定計算營業稅額並依第三十五條規定申報繳納者外，就主管稽徵機關查定之銷售額按第十三條規定之稅率計算營業稅額。

第 24 條　（銀行業等營業稅額之計算及申報繳納）銀行業、保險業、信託投資業，經營本法營業人開立銷售憑證時限表特別規定欄所列非專屬本業之銷售額部分，得申請依照本章第一節規定計算營業稅額，並依第三十五條規定申報繳納。

依前項及第二十三條規定，申請依照本章第一節規定計算營業稅額者，經核准後三年內不得申請變更。

財政部得視小規模營業人之營業性質與能力，核定其依本章第一節規定計算營業稅額，並依第三十五條規定，申報繳納。

第 25 條　（查定計算營業稅額之扣減）依第二十三條規定，查定計算營業稅額之營業人，購買營業上使用之貨物或勞務，取得載有營業稅額之憑證，並依規定申報者，主管稽徵機關應按其進項稅額百分之十，在查定稅額內扣減。但查定稅額未達起徵點者，不適用之。

前項稅額百分之十超過查定稅額者，次期得繼續扣減。

第 26 條　（農產品批發市場承銷人等之營業稅起徵點）依第二十三條規，查定計算營業稅額之農產品批發市場之承銷人、銷售農產品之小規模營業人、小規模營業人及其他經財政部規定免予申報銷售額之營業人，其營業稅起徵點，由財政部定之。

第 27 條　（準用）本章第一節之規定，除第十四條、第十五條第一

項及第十六條第一項但書之規定外，於依本節規定計算稅
額之營業人準用之。

第五章　稽徵

第一節　稅籍登記

第 28 條　（申請營業登記之義務及登記有關事項）營業人之總機構
及其他固定營業場所，應於開始營業前，分別向主管稽徵
機關申請營業登記。登記有關事項，由財政部定之。

第 29 條　（免辦營業登記之情形）專營第八條第一項第二款至第五
款、第八款、第十二款至第十五款、第十七款至第二十
款、第三十一款之免稅貨物或勞務者及各級政府機關，得
免辦營業登記。

第 30 條　（變更或註銷登記）營業人依第二十八條申請營業登記之
事項有變更，或營業人合併、轉讓、解散或廢止時，均應
於事實發生之日起十五日內填具申請書，向主管稽徵機關
申請變更或註銷營業登記。

前項營業人申請變更登記或註銷登記，應於繳清稅款或提
供擔保後為之。

但因合併、增加資本或營業種類變更而申請變更登記者，
不在此限。

第 31 條　（暫停營業之申報核備）營業人暫停營業，應於停業前，
向主管稽徵機關申報核備：復業時，亦同。

第二節　帳簿憑證

第 32 條　（開立統一發票與免用統一發票）營業人銷售貨物或勞
務，應依本法營業人開立銷售憑證時限表規定之時限，開
立統一發票交付買受人。但營業性質特殊之營業人及小規
模營業人，得掣發普通收據，免用統一發票。

營業人依第十四條規定計算之銷項稅額，買受人為營業人
者，應與銷售額於統一發票上分別載明之；買受人為非營
業人者，應與銷售額合計開立統一發票。

統一發票，由政府印製發售，或核定營業人自行印製；其
格式、記載事項與使用辦法，由財政部定之。

主管稽徵機關，得核定營業人使用收銀機開立統一發票，
或以收銀機收據代替逐筆開立統一發票；其辦法由財政部
定之。

第 33 條　（以進項稅額扣抵銷項稅額時其憑證之種類及應載事項）
營業人以進項稅額扣抵銷項稅額者，應具有載明其名稱、
地址及統一編號之左列憑證：

一　購買貨物或勞務時，所取得載有營業稅額之統一發
　　票。

二　有第三條第三項第一款規定視為銷售貨物，或同條第
　　四項準用該條款規定視為銷售勞務者，所自行開立載
　　有營業稅額之統一發票。

三　其他經財政部核定載有營業稅額之憑證。

第 34 條　（會計帳簿憑證管理辦法之訂定）營業人會計帳簿憑證之
管理辦法，由財政部定之。

第三節　　申報繳納

第 35 條　（營業稅之申報方法）營業人除本法另有規定外，不論有
無銷售額，應以每二月為一期，於次期開始十五日內，填
具規定格式之申報書，檢附退抵稅款及其他有關文件，向
主管稽徵機關申報銷售額、應納或溢付營業稅額。其有應
納營業稅額者，應先向公庫繳納後，檢同繳納收據一併申
報。

營業人銷售貨物或勞務，依第七條規定適用零稅率者，得
申請以每月為一期，於次月十五日前依前項規定向主管稽
徵機關申報銷售額、應納或溢付營業稅額。但同一年度內
不得變更。

前二項營業人，使用統一發票者，並應檢附統一發票明細
表。

第 36 條　（外國之事業、機關、團體、組織、銷售勞務之營業稅申

附錄二　加值型及非加值型營業稅法　223

報）外國之事業、機關、團體、組織，在中華民國境內，無固定營業場所而有銷售勞務者，應由勞務買受人於給付報酬之次期開始十五日內，就給付額依第十條或第十一條但書所定稅率，計算營業稅額繳納之。但買受人為依第四章第一節規定計算稅額之營業人，其購進之勞務，專供經營應稅貨物或勞務之用者，免予繳納；其為兼營第八條第一項免稅貨物或勞務者，繳納之比例，由財政部定之。

外國國際運輸事業，在中華民國境內，無固定營業場所而有代理人在中華民國境內銷售勞務，其代理人應於載運客、貨出境之次期開始十五日內，就銷售額按第十條規定稅率，計算營業稅額，並依第三十五條規定，申報繳納。

第 37 條　（外國技藝表演業營業稅之報繳）外國技藝表演業，在中華民國境內演出之營業稅，應依第三十五條規定，向演出地主管稽徵機關報繳。但在同地演出期間不超過三十日者，應於演出結束後十五日內報繳。

外國技藝表演業，須在前項應行報繳營業稅之期限屆滿前離境者，其營業稅，應於離境前報繳之。

第 38 條　（我國境內設有總機構或固定營業場所者其營業稅之申報）營業人之總機構及其他固定營業場所，設於中華民國境內各地區者，應分別向主管稽徵機關申報銷售額、應納或溢付營業稅額。

依第四章第一節規定計算稅額之營業人，得向財政部申請核准，就總機構及所有其他固定營業場所銷售之貨物或勞務，由總機構合併向所在地主管稽徵機關申報銷售額、應納或溢付營業稅額。

第 39 條　（溢付稅額之退還）營業人申報之左列溢付稅額，應由主管稽徵機關查明後退還之：

一　因銷售第七條規定適用零稅率貨物或勞務而溢付之營業稅。

二　因取得固定資產而溢付之營業稅。

　　　三　因合併、轉讓、解散或廢止申請註銷登記者,其溢付
　　　　　之營業稅。
　　　前項以外之溢付稅額,應由營業人留抵應納營業稅。但情
　　　形特殊者,得報經財政部核准退還之。

第 40 條　(繳款通知書之填發)依第二十一條規定,查定計算營業
　　　稅額之典當業及依第二十三條規定,查定計算營業稅額之
　　　營業人,由主管稽徵機關查定其銷售額及稅額,每三個月
　　　填發繳款書通知繳納一次。
　　　依第二十二條規定,查定計算營業稅額之營業人,由主管
　　　稽徵機關查定其銷售額及稅額,每月填發繳款書通知繳納
　　　一次。
　　　前二項查定辦法,由財政部定之。

第 41 條　貨物進口時,應徵之營業稅,由海關代徵之;其徵收及行
　　　政救濟程序,準用關稅法及海關緝私條例之規定辦理。

第 42 條　(稅款滯報金等之繳納)依本法規定,由納稅義務人自行
　　　繳納之稅款,應由納稅義務人填具繳款書向公庫繳納之。
　　　依本法規定,由主管稽徵機關發單課徵或補徵之稅款及加
　　　徵之滯報金、怠報金,應由主管稽徵機關填發繳款書通知
　　　繳納,納稅義務人,應於繳款書送達之次日起,十日內向
　　　公庫繳納之。
　　　納稅義務人,遺失前項繳款書,應向主管稽徵機關申請補
　　　發,主管稽徵機關,應於接到申請之次日補發之。但繳納
　　　期限仍依前項規定,自第一次繳款書送達之次日起計算。

第 43 條　(逕行核定銷售額及應納稅額)營業人有左列情形之一
　　　者,主管稽徵機關得依照查得之資料,核定其銷售額及應
　　　納稅額並補徵之:
　　　一　逾規定申報限期三十日,尚未申報銷售額者。
　　　二　未設立帳簿、帳簿逾規定期限未記載且經通知補記載
　　　　　仍未記載、遺失帳簿憑證、拒絕稽徵機關調閱帳簿憑
　　　　　證或於帳簿為虛偽不實之記載者。

三　未辦妥營業登記，即行開始營業，或已申請歇業仍繼續營業，而未依規定申報銷售額者。

四　短報、漏報銷售額者。

五　漏開統一發票或於統一發票上短開銷售額者。

六　經核定應使用統一發票而不使用者。

營業人申報之銷售額，顯不正常者，主管稽徵機關，得參照同業情形與有關資料，核定其銷售額或應納稅額並補徵之。

第四節　稽查

第 44 條　（未開立統一發票之移送法院裁罰）財政部指定之稽查人員，查獲營業人有應開立統一發票而未開立情事者，應當場作成紀錄，詳載營業人名稱、時間、地點、交易標的及銷售額，送由主管稽徵機關移送法院裁罰。

前項紀錄，應交由營業人或買受人簽名或蓋章。但營業人及買受人均拒絕簽名或蓋章者，由稽查人員載明其具體事實。

第六章　罰則

第 45 條　（未依規定申報營業登記之處罰）營業人未依規定申請營業登記者，除通知限期補辦外，處一千元以上一萬元以下罰鍰；逾期仍未補辦者，得連續處罰。

第 46 條　（限期改正、補辦及罰鍰之情形）營業人有左列情形之一者，除通知限期改正或補辦外，處五百元以上五千元以下罰鍰；逾期仍未改正或補辦者，得連續處罰至改正或補辦為止：

一　未依規定申請變更、註銷登記或申報暫停營業、復業者。

二　申請營業、變更或註銷登記之事項不實者。

三　使用帳簿未於規定期限內送請主管稽徵機關驗印者。

第 47 條　（不用、轉用統一發票或拒收營業稅繳款書之處罰）納稅

義務人，有左列情形之一者，除通知限期改正或補辦外，處一千元以上一萬元以下罰鍰；逾期仍未改正或補辦者，得連續處罰，並得停止其營業：

一　核定應使用統一發票而不使用者。

二　將統一發票轉供他人使用者。

三　拒絕接受營業稅繳款書者。

第 48 條　（統一發票記載不實等之處罰）營業人開立統一發票，應行記載事項未依規定記載或所載不實者，除通知限期改正或補辦外，按統一發票所載銷售額，處百分之一罰鍰，其金額最低不得少於五百元，最高不得超過五千元。經主管稽徵機關通知補正而未補正或補正後仍不實者，連續處罰之。

前項未依規定記載事項為買受人名稱、地址或統一編號者，其連續處罰部分之罰鍰為統一發票所載銷售額之百分之二，其金額最低不得少於一千元，最高不得超過一萬元。

第 49 條　營業人未依本法規定期限申報銷售額或統一發票明細表，其未逾三十日者，每逾二日按應納稅額加徵百分之一滯報金，金額不得少於四百元，最高不得多於四千元；其逾三十日者，按核定應納稅額加徵百分之三十怠報金，金額不得少於一千元，最高不得多於一萬元。其無應納稅額者，滯報金為四百元，怠報金為一千元。

第 50 條　（逾期繳納稅款等之處罰）納稅義務人，逾期繳納稅款或滯報金、怠報金者，應自繳納期限屆滿之次日起，每逾二日按滯納之金額加徵百分之一滯納金；逾三十日仍未繳納者，除移送法院強制執行外，並得停止其營業。

前項應納之稅款或滯報金、怠報金，應自滯納期限屆滿之次日起，至納稅義務人自動繳納或法院強制執行徵收繳納之日止，就其應納稅款、滯報金、怠報金及滯納金，依當地銀行業通行之一年期定期存款利率，按日計算利息，一

併徵收。

第 51 條　納稅義務人，有左列情形之一者，除追繳稅款外，按所漏稅額處一倍至十倍罰鍰，並得停止其營業：

一　未依規定申請營業登記而營業者。

二　逾規定期限三十日未申報銷售額或統一發票明細表，亦未按應納稅額繳納營業稅者。

三　短報或漏報銷售額者。

四　申請註銷登記後，或經主管稽徵機關依本法規定停止其營業後，仍繼續營業者。

五　虛報進項稅額者。

六　逾規定期限三十日未依第三十六條第一項規定繳納營業稅者。

七　其他有漏稅事實者。

第 52 條　營業人漏開統一發票或於統一發票上短開銷售額經查獲者，應就短漏開銷售額按規定稅率計算稅額繳納稅款外，處一倍至十倍罰鍰。一年內經查獲達三次者，並停止其營業。

第 53 條　（停業處分之最高期限及其延長）主管稽徵機關，依本法規定，為停止營業處分時，應訂定期限，最長不得超過六個月。但停業期限屆滿後，該受處分之營業人，對於應履行之義務仍不履行者，得繼續處分至履行義務時為止。

前項停止營業之處分，由警察機關協助執行，並於執行前通知營業人之主管機關。

第 53-1 條　營業人違反本法後，法律有變更者，適用裁處時之罰則規定。但裁處前之法律有利於營業人者，適用有利於營業人之規定。

第 54 條　（刪除）

第 55 條　（刪除）

第七章　附則

第 56 條　　（刪除）

第 57 條　　（稅捐等之優先權）納稅義務人欠繳本法規定之稅款、滯
　　　　　　報金、怠報金、滯納金、利息及合併、轉讓、解散或廢止
　　　　　　時依法應徵而尚未開徵或在納稅期限屆滿前應納之稅款，
　　　　　　均應較普通債權優先受償。

第 58 條　　（統一發票給獎辦法之訂定）為防止逃漏、控制稅源及促
　　　　　　進統一發票之推行，財政部得訂定統一發票給獎辦法；其
　　　　　　經費由全年營業稅收入總額中提出百分之三，以資支應。

第 59 條　　（施行細則之擬定及發布）本法施行細則，由財政部擬
　　　　　　訂，報請行政院核定發布之。

第 60 條　　本法施行日期，除中華民國八十八年六月二十八日修正公
　　　　　　布之第十一條、第二十一條修正條文，自八十八年七月一
　　　　　　日施行者外，由行政院定之。

附錄三　票據法

票據法

民國 76 年 06 月 29 日修正

第一章　通則

第 1 條　　本法所稱票據，為匯票、本票、及支票。

第 2 條　　稱匯票者，謂發票人簽發一定之金額，委託付款人於指定之到期日，無條件支付與受款人或執票人之票據。

第 3 條　　稱本票者，謂發票人簽發一定之金額，於指定之到期日，由自己無條件支付與受款人或執票人之票據。

第 4 條　　稱支票者，謂發票人簽發一定之金額，委託金融業者於見票時，無條件支付與受款人或執票人之票據。

　　　　　　前項所稱金融業者，係指經財政部核准辦理支票存款業務之銀行、信用合作社、農會及漁會。

第 5 條　　在票據上簽名者，依票上所載文義負責。

　　　　　　二人以上共同簽名時，應連帶負責。

第 6 條　　票據上之簽名，得以蓋章代之。

第 7 條　　票據上記載金額之文字與號碼不符時，以文字為準。

第 8 條　　票據上雖有無行為能力人或限制行為能力人之簽名，不影響其他簽名之效力。

第 9 條　　代理人未載明為本人代理之旨而簽名於票據者，應自負票據上之責任。

第 10 條　　無代理權而以代理人名義簽名於票據者，應自負票據上之責任。

　　　　　　代理人逾越權限時，就其權限外之部分，亦應自負票據上之責任。

第 11 條　　欠缺本法所規定票據上應記載事項之一者，其票據無效。但本法別有規定者，不在此限。

執票人善意取得已具備本法規定應記載事項之票據者，得依票據文義行使權利；票據債務人不得以票據原係欠缺應記載事項為理由，對於執票人，主張票據無效。

票據上之記載，除金額外，得由原記載人於交付前改寫之。但應於改寫處簽名。

第 12 條　票據上記載本法所不規定之事項者，不生票據上之效力。

第 13 條　票據債務人不得以自己與發票人或執票人之前手間所存抗辯之事由對抗執票人。但執票人取得票據出於惡意者，不在此限。

第 14 條　以惡意或有重大過失取得票據者，不得享有票據上之權利。

無對價或以不相當之對價取得票據者，不得享有優於其前手之權利。

第 15 條　票據之偽造或票據上簽名之偽造，不影響於真正簽名之效力。

第 16 條　票據經變造時，簽名在變造前者，依原有文義負責；簽名在變造後者，依變造文義負責；不能辨別前後時，推定簽名在變造前。

前項票據變造，其參與或同意變造者，不論簽名在變造前後，均依變造文義負責。

第 17 條　票據上之簽名或記載被塗銷時，非由票據權利人故意為之者，不影響於票據上之效力。

第 18 條　票據喪失時，票據權利人得為止付之通知。但應於提出止付通知後五日內，向付款人提出已為聲請公示催告之證明。

未依前項但書規定辦理者，止付通知失其效力。

第 19 條　票據喪失時，票據權利人，得為公示催告之聲請。

公示催告程序開始後，其經到期之票據，聲請人得提供擔保，請求票據金額之支付；不能提供擔保時，得請求將票據金額依法提存。其尚未到期之票據，聲請人得提供擔

保，請求給與新票據。

第 20 條　為行使或保全票據上權利，對於票據關係人應為之行為，應在票據上指定之處所為之，無指定之處所者，在其營業所為之，無營業所者，在其住所或居所為之。票據關係人之營業所、住所或居所不明時，因作成拒絕證書得請求法院公證處、商會或其他公共會所調查其人之所在，若仍不明時，得在該法院公證處、商會或其他公共會所作成之。

第 21 條　為行使或保全票據上權利，對於票據關係人應為之行為，應於其營業日之營業時間內為之，如其無特定營業日或未訂有營業時間者，應於通常營業日之營業時間內為之。

第 22 條　（票據時效、利益償還請求權）票據上之權利，對匯票承兌人及本票發票人，自到期日起算；見票即付之本票，自發票日起算；三年間不行使，因時效而消滅。對支票發票人自發票日起算，一年間不行使，因時效而消滅。

　　　　匯票、本票之執票人，對前手之追索權，自作成拒絕證書日起算，一年間不行使，因時效而消滅。支票之執票人，對前手之追索權，四個月間不行使，因時效而消滅。其免除作成拒絕證書者，匯票、本票自到期日起算；支票自提示日起算。

　　　　匯票、本票之背書人，對於前手之追索權，自為清償之日或被訴之日起算，六個月間不行使，因時效而消滅。支票之背書人，對前手之追索權，二個月間不行使，因時效而消滅。

　　　　票據上之債權，雖依本法因時效或手續之欠缺而消滅，執票人對於發票人或承兌人，於其所受利益之限度，得請求償還。

第 23 條　票據餘白不敷記載時，得黏單延長之。

　　　　黏單後第一記載人，應於騎縫上簽名。

第二章　匯票

第一節　　發票及款式

第 24 條　　（匯票應載事項）匯票應記載左列事項，由發票人簽名。

一　表明其為匯票之文字。

二　一定之金額。

三　付款人之姓名或商號。

四　受款人之姓名或商號。

五　無條件支付之委託。

六　發票地。

七　發票年月日。

八　付款地。

九　到期日。

未載到期日者，視為見票即付。

未載付款人者，以發票人為付款人。

未載受款人者，以執票人為受款人。

未載發票地者，以發票人之營業所、住所或居所所在地為發票地。

未載付款地者，以付款人之營業所、住所或居所所在地為付款地。

第 25 條　　發票人得以自己或付款人為受款人，並得以自己為付款人。

匯票未載受款人者，執票人得於無記名匯票之空白內，記載自己或他人為受款人，變更為記名匯票。

第 26 條　　發票人得於付款人外，記載一人，為擔當付款人。

發票人亦得於付款人外，記載在付款地之一人為預備付款人。

第 27 條　　發票人得記載在付款地之付款處所。

第 28 條　　發票人得記載對於票據金額支付利息及其利率。

利率未經載明時，定為年利六釐。

利息自發票日起算。但有特約者，不在此限。

第 29 條　　發票人應照匯票文義擔保承兌及付款。但得依特約免除擔

保承兌之責。

前項特約，應載明於匯票。

匯票上有免除擔保付款之記載者，其記載無效。

第二節　　背書

第 30 條　　（轉讓方式與禁止轉讓）匯票依背書及交付而轉讓。無記名匯票得僅依交付轉讓之。

記名匯票發票人有禁止轉讓之記載者，不得轉讓。

背書人於票上記載禁止轉讓者，仍得依背書而轉讓之。但禁止轉讓者，對於禁止後再由背書取得匯票之人，不負責任。

第 31 條　　背書由背書人在匯票之背面或其黏單上為之。

背書人記載被背書人，並簽名於匯票者，為記名背書。

背書人不記載被背書人，僅簽名於匯票者，為空白背書。

前兩項之背書，背書人得記載背書之年、月、日。

第 32 條　　空白背書之匯票，得依匯票之交付轉讓之。

前項匯票，亦得以空白背書或記名背書轉讓之。

第 33 條　　匯票之最後背書為空白背書者，執票人得於該空白內，記載自己或他人為被背書人，變更為記名背書，再為轉讓。

第 34 條　　匯票得讓與發票人、承兌人、付款人或其他票據債務人。

前項受讓人，於匯票到期日前，得再為轉讓。

第 35 條　　背書人得記載在付款地之一人為預備付款人。

第 36 條　　就匯票金額之一部分所為之背書，或將匯票金額分別轉讓於數人之背書，不生效力，背書附記條件者，其條件視為無記載。

第 37 條　　執票人應以背書之連續，證明其權利，但背書中有空白背書時，其次之背書人，視為前空白背書之被背書人。

塗銷之背書，不影響背書之連續者，對於背書之連續，視為無記載。

塗銷之背書，影響背書之連續者，對於背書之連續，視為未塗銷。

第 38 條　執票人故意塗銷背書者，其被塗銷之背書人及其被塗銷背書人名次之後，而於未塗銷以前為背書者，均免其責任。

第 39 條　第二十九條之規定，於背書人準用之。

第 40 條　執票人以委任取款之目的，而為背書時，應於匯票上記載之。

前項被背書人，得行使匯票上一切權利，並得以同一目的，更為背書。

其次之被背書人，所得行使之權利，與第一被背書人同。

票據債務人對於受任人所得提出之抗辯，以得對抗委任人者為限。

第 41 條　到期日後之背書，僅有通常債權轉讓之效力。

背書未記明日期者，推定其作成於到期日前。

第三節　承兌

第 42 條　執票人於匯票到期日前，得向付款人為承兌之提示。

第 43 條　承兌應在匯票正面記載承兌字樣，由付款人簽名。

付款人僅在票面簽名者，視為承兌。

第 44 條　除見票即付之匯票外，發票人或背書人得在匯票上為應請求承兌之記載，並得指定其期限。

發票人得為於一定日期前，禁止請求承兌之記載。

背書人所定應請求承兌之期限，不得在發票人所定禁止期限之內。

第 45 條　見票後定期付款之匯票，應自發票日起六個月內為承兌之提示。

前項期限，發票人得以特約縮短或延長之。但延長之期限不得逾六個月。

第 46 條　見票後定期付款之匯票，或指定請求承兌期限之匯票，應由付款人在承兌時，記載其日期。

承兌日期未經記載時，承兌仍屬有效。但執票人得請求作成拒絕證書，證明承兌日期；未作成拒絕證書者，以前條所許或發票人指定之承兌期限之末日為承兌日。

第 47 條　付款人承兌時，經執票人之同意，得就匯票金額之一部分為之。但執票人應將事由通知其前手。

承兌附條件者，視為承兌之拒絕。但承兌人仍依所附條件負其責任。

第 48 條　付款人於執票人請求承兌時，得請其延期為之，但以三日為限。

第 49 條　付款人於承兌時，得指定擔當付款人。

發票人已指定擔當付款人者，付款人於承兌時，得塗銷或變更之。

第 50 條　付款人於承兌時，得於匯票上記載付款地之付款處所。

第 51 條　付款人雖在匯票上簽名承兌，未將匯票交還執票人以前，仍得撤銷其承兌。但已向執票人或匯票簽名人以書面通知承兌者，不在此限。

第 52 條　付款人於承兌後，應負付款之責。

承兌人到期不付款者，執票人雖係原發票人，亦得就第九十七條及第九十八條所定之金額，直接請求支付。

第四節　參加承兌

第 53 條　執票人於到期日前得行使追索權時，匯票上指定有預備付款人者，得請求其為參加承兌。

除預備付款人與票據債務人外，不問何人，經執票人同意，得以票據債務人中之一人，為被參加人，而為參加承兌。

第 54 條　參加承兌，應在匯票正面記載左列各款，由參加承兌人簽名：

一　參加承兌之意旨。

二　被參加人姓名。

三　年、月、日。

未記載被參加人者，視為為發票人參加承兌。

預備付款人為參加承兌時，以指定預備付款人之人，為被參加人。

第 55 條　參加人非受被參加人之委託，而為參加者，應於參加後四
　　　　　日內，將參加事由，通知被參加人。
　　　　　參加人怠於為前項通知，因而發生損害時，應負賠償之
　　　　　責。

第 56 條　執票人允許參加承兌後，不得於到期日前行使追索權。
　　　　　被參加人及其前手，仍得於參加承兌後，向執票人支付，
　　　　　第九十七條所定金額，請其交出匯票及拒絕證書。

第 57 條　付款人或擔當付款人，不於第六十九條及第七十條所定期
　　　　　限內付款時，參加承兌人，應負支付第九十七條所定金額
　　　　　之責。

第五節　　保證

第 58 條　匯票之債務，得由保證人保證之。
　　　　　前項保證人，除票據債務人外，不問何人，均得為之。

第 59 條　保證應在匯票或其謄本上，記載左列各款，由保證人簽
　　　　　名。
　　　　　一　保證人之意旨。
　　　　　二　被保證人姓名。
　　　　　三　年、月、日。
　　　　　保證未載明年、月、日者，以發票年、月、日為年、月、
　　　　　日。

第 60 條　保證未載明被保證人者，視為為承兌人保證；其未經承兌
　　　　　者，視為為發票人保證。但得推知其為何人保證者，不在
　　　　　此限。

第 61 條　保證人與被保證人，負同一責任。
　　　　　被保證人之債務，縱為無效，保證人仍負擔其義務。但被
　　　　　保證人之債務，因方式之欠缺，而為無效者，不在此限。

第 62 條　二人以上為保證時，均應連帶負責。

第 63 條　保證得就匯票金額之一部分為之。

第 64 條　保證人清償債務後，得行使執票人對承兌人、被保證人及
　　　　　其前手之追索權。

第六節　　　到期日

第 65 條　（到期日）匯票之到期日，應依左列各式之一定之：

　　　　　一　定日付款。

　　　　　二　發票日後定期付款。

　　　　　三　見票即付。

　　　　　四　見票後定期付款。

　　　　　分期付款之匯票，其中任何一期，到期不獲付款時，未到
　　　　　期部份，視為全部到期。

　　　　　前項視為到期之匯票金額中所含未到期之利息，於清償
　　　　　時，應扣減之。

　　　　　利息經約定於匯票到期日前分期付款者，任何一期利息到
　　　　　期不獲付款時，全部匯票金額視為均已到期。

第 66 條　　見票即付之匯票，以提示日為到期日。第四十五條之規
　　　　　定，於前項提示準用之。

第 67 條　　見票後定期付款之匯票，依承兌日或拒絕承兌證書作成
　　　　　日，計算到期日。匯票經拒絕承兌而未作成拒絕承兌證書
　　　　　者，依第四十五條所規定承兌提示期限之末日，計算到期
　　　　　日。

第 68 條　　發票日後或見票日後一個月或數個月付款之匯票，以在應
　　　　　付款之月與該日期相當之日為到期日，無相當日者，以該
　　　　　月末日為到期日。

　　　　　發票日後或見票日後一個月半或數個月半付款之匯票，應
　　　　　依前項規定計算全月後，加十五日，以其末日為到期日。

　　　　　票上僅載月初、月中、月底者，謂月之一日、十五日、末
　　　　　日。

第七節　　　付款

第 69 條　　執票人應於到期日或其後二日內，為付款之提示。

　　　　　匯票上載有擔當付款人者，其付款之提示，應向擔當付款
　　　　　人為之。為交換票據，向票據交換所提示者，與付款之提
　　　　　示，有同一效力。

第 70 條　付款經執票人之同意，得延期為之。但以提示後三日為限。

第 71 條　付款人對於背書不連續之匯票而付款者，應自負其責。

付款人對於背書簽名之真偽，及執票人是否票據權利人，不負認定之責。

但有惡意及重大過失時，不在此限。

第 72 條　到期日前之付款，執票人得拒絕之。

付款人於到期日前付款者，應自負其責。

第 73 條　一部分之付款，執票人不得拒絕。

第 74 條　付款人付款時，得要求執票人記載收訖字樣，簽名為證，並交出匯票。

付款人為一部分之付款時，得要求執票人在票上記載所收金額，並另給收據。

第 75 條　表示匯票金額之貨幣，如為付款地不通用者，得依付款日行市，以付款地

通用之貨幣支付之。但有特約者，不在此限。

表示匯票金額之貨幣，如在發票地與付款地，名同價異者，推定其為付款地之貨幣。

第 76 條　執票人在第六十九條所定期限內不為付款之提示時，票據債務人得將匯票金額依法提存；其提存費用，由執票人負擔之。

第八節　參加付款

第 77 條　參加付款，應於執票人得行使追索權時為之。但至遲不得逾拒絕證書作成期限之末日。

第 78 條　參加付款，不問何人，均得為之。

執票人拒絕參加付款者，對於被參加人及其後手喪失追索權。

第 79 條　付款人或擔當付款人不於第六十九條及第七十條所定期限內付款者，有參加承兌人時，執票人應向參加承兌人為付款之提示；無參加承兌人而有預備付款人時，應向預備付

款人為付款之提示。

參加承兌人或預備付款人，不於付款提示時為清償者，執票人應請作成拒絕付款證書之機關，於拒絕證書上載明之。

執票人違反前二項規定時，對於被參加人與指定預備付款人之人及其後手，喪失追索權。

第 80 條　請為參加付款者，有數人時，其能免除最多數之債務者，有優先權。故意違反前項規定為參加付款者，對於因之未能免除債務之人，喪失追索權。

能免除最多數之債務者有數人時，應由受被參加人之委託者或預備付款人參加之。

第 81 條　參加付款，應就被參加人應支付金額之全部為之。

第 82 條　參加付款，應於拒絕付款證書內記載之。

參加承兌人付款，以被參加承兌人為被參加付款人，預備付款人付款，以指定預備付款人之人為被參加付款人。

無參加承兌人或預備付款人，而匯票上未記載被參加付款人者，以發票人為被參加付款人。

第五十五條之規定於參加付款準用之。

第 83 條　參加付款後，執票人應將匯票及收款清單交付參加付款人，有拒絕證書者，應一併交付之。

違反前項之規定者，對於參加付款人，應負損害賠償之責。

第 84 條　參加付款人對於承兌人、被參加付款人及其前手取得執票人之權利。但不得以背書更為轉讓。被參加付款人之後手，因參加付款而免除債務。

第九節　追索權

第 85 條　匯票到期不獲付款時，執票人於行使或保全匯票上權利之行為後，對於背書人、發票人及匯票上其他債務人得行使追索權。

有左列情形之一者，雖在到期日前，執票人亦得行使前項

權利：

一　匯票不獲承兌時。

二　付款人或承兌人死亡、逃避或其他原因無從為承兌或付款提示時。

三　付款人或承兌人受破產宣告時。

第 86 條　匯票全部或一部不獲承兌或付款，或無從為承兌或付款提示時，執票人應請求作成拒絕證書證明之。

付款人或承兌人在匯票上記載提示日期，及全部或一部承兌或付款之拒絕，經其簽名後，與作成拒絕證書，有同一效力。

付款人或承兌人之破產，以宣告破產裁定之正本或節本證明之。

第 87 條　拒絕承兌證書，應於提示承兌期限內作成之。

拒絕付款證書，應以拒絕付款日或其後五日內作成之。

但執票人允許延期付款時，應於延期之末日，或其後五日內作成之。

第 88 條　拒絕承兌證書作成後，無須再為付款提示，亦無須再請求作成付拒絕證書。

第 89 條　執票人應於拒絕證書作成後四日內，對於背書人發票人及其他匯票上債務人，將拒絕事由通知之。

如有特約免除作成拒絕證書時，執票人應於拒絕承兌或拒絕付款後四日內，為前項之通知。

背書人應於收到前項通知後四日內，通知其前手。

背書人未於票據上記載住所或記載不明時，其通知對背書人之前手為之。

第 90 條　發票人背書人及匯票上其他債務人，得於第八十九條所定通知期限前，免除執票人通知之義務。

第 91 條　通知得用任何方法為之。但主張於第八十九條所定期限內曾為通知者，應負舉證之責。

付郵遞送之通知，如封面所記被通知人之住所無誤，視為

已經通知。

第 92 條　因不可抗力不能於第八十九條所定期限內，將通知發出者，應於障礙中止後，四日內行之。

證明於第八十九條所定期間內，已通知發出者，認為遵守通知期限。

第 93 條　不於第八十九條所定期限內為通知者，仍得行使追索權。但因其怠於通知發生損害時，應負賠償之責，其賠償金額，不得超過匯票金額。

第 94 條　發票人或背書人，得為免除作成拒絕證書之記載。

發票人為前項記載時，執票人得不請求作成拒絕證書而行使追索權。但執票人仍請求作成拒絕證書時，應自負擔其費用。

背書人為第一項記載時，僅對於該背書人發生效力。執票人作成拒絕證書者，得向匯票上其他簽名人，要求償還其費用。

第 95 條　匯票上雖有免除作成拒絕證書之記載，執票人仍應於所定期限內，為承兌或付款之提示，但對於執票人主張未為提示者，應負舉證之責。

第 96 條　發票人承兌人背書人及其他票據債務人，對於執票人連帶負責。

執票人得不依負擔債務之先後，對於前項債務人之一人或數人或全體行使追索權。

執票人對於債務人之一人或數人已為追索者，對於其他票據債務人，仍得行使追索權。

被追索者，已為清償時，與執票人有同一權利。

第 97 條　執票人向匯票債務人行使追索權時，得要求左列金額：

一　被拒絕承兌或付款之匯票金額，如有約定利息者，其利息。

二　自到期日起如無約定利率者，依年利六釐計算之利息。

三　作成拒絕證書與通知及其他必要費用。

於到期日前付款者，自付款日至到期日前之利息，應由匯票金額內扣除。

無約定利率者，依年利六釐計算。

第 98 條　為第九十七條之清償者，得向承兌人或前手要求左列金額：

一　所求付之總金額。

二　前款金額之利息。

三　所支出之必要費用。

發票人為第九十七條之清償者，向承兌人要求之金額同。

第 99 條　執票人為發票人時，對其前手無追索權。

執票人為背書人時，對該背書之後手無追索權。

第 100 條　匯票債務人為清償時，執票人應交出出匯票，有拒絕證書時，應一併交出。

匯票債務人為前項清償，如有利息及費用者，執票人應出具收據及償還計算書。

背書人為清償時，得塗銷自己及其後手之背書。

第 101 條　匯票金額一部分獲承兌時，清償未獲承兌部分之人，得要求執票人在匯票上記載其事由，另行出具收據，並交出匯票之謄本及拒絕承兌證書。

第 102 條　有追索權者，得以發票人或前背書人之一人或其他票據債務人為付款人，向其住所所在地發見票即付之匯票。但有相反約定時，不在此限。前項匯票之金額，於第九十七條及第九十八條所列者外，得加經紀費及印花稅。

第 103 條　執票人依第一百零二條之規定發匯票時，其金額依原匯票付款地匯往前手所在地之見票即付匯票之市價定之。

背書人依第一百零二條之規定發匯票時，其金額依其所在地匯往前手所在地之見票即付匯票之市價定之。

前二項市價，以發票日之市價為準。

第 104 條　執票人不於本法所定期限內為行使或保全匯票上權利之行

為者，對於前手喪失追索權。

執票人不於約定期限內為前項行為者，對該約定之前手，喪失追索權。

第 105 條　執票人因不可抗力之事變，不能於所定期限內為承兌或付款之提示，應將其事由從速通知發票人、背書人及其他票據債務人。

第八十九條至第九十三條之規定，於前項通知準用之。

不可抗力之事變終止後，執票人應即對付款人提示。

如事變延至到期日後三十日以外時，執票人得逕行使追索權，無須提示或作成拒絕證書。

匯票為見票即付或見票後定期付款者，前項三十日之期限自執票人通知其前手之日起算。

第 一〇節　拒絕證書

第 106 條　拒絕證書，由執票人請求拒絕承兌地或拒絕付款地之法院公證處、商會或銀行公會作成之。

第 107 條　拒絕證書應記載左列各款，由作成人簽名並蓋作成機關之印章：

一　拒絕者及被拒絕者之姓名或商號。

二　對於拒絕者，雖為請求，未得允許之意旨，或不能會晤拒絕者之事由 或其營業所、住所或居所不明之情形。

三　為前款請求或不能為前款請求之地及其年月日。

四　於法定處所外作成拒絕證書時當事人之合意。

五　有參加承兌時，或參加付款時，參加之種類及參加人，並被參加人之 姓名或商號。

六　拒絕證書作成之處所及其年月日。

第 108 條　（付款拒絕證書之制作）

付款拒絕證書，應在匯票或其黏單上作成之。

匯票有複本或謄本者，於提示時僅在複本之一份或原本或其黏單上作成之。但可能時，應在其他複本之各份或謄本

上記載已作拒絕證書之事由。

第 109 條　付款拒絕證書以外之拒絕證書，應照匯票或其謄本作成抄本，在該抄本或其黏單上作成之。

第 110 條　（拒絕交還原本時證書之記載處所）執票人以匯票之原本請求承兌或付款，而被拒絕並未經返還原本時，其拒絕證書，應在謄本或其黏單上作成之。

第 111 條　拒絕證書應接續匯票上複本上或謄本上原有之最後記載作成之。在黏單上作成者，並應於騎縫處簽名。

第 112 條　對數人行使追索權時，祇須作成拒絕證書一份。

第 113 條　拒絕證書作成人，應將證書原本交付執票人，並就證書全文另作抄本，存於事務所，以備原本滅失時之用。
抄本與原本有同一效力。

第 一一 節　複本

第 114 條　匯票之受款人，得自負擔其費用，請求發票人發行複本。
但受款人以外之執票人，請求發行複本時，須依次經由其前手請求之，並由其前手在各複本上，為同樣之背書。
前項複本以三份為限。

第 115 條　複本應記載同一文句，標明複本字樣，並編列號數，未經標明複本字樣，並編列號數者，視為獨立之匯票。

第 116 條　就複本之一付款時，其他複本失其效力。但承兌人對於經其承兌而未取回之複本，應負其責。
背書人將複本分別轉讓於二人以上時，對於經其背書而未收回之複本，應負其責。
將複本各份背書轉讓與同一人者，該背書人為償還時，得請求執票人交出複本之各份。但執票人已立保證或提供擔保者，不在此限。

第 117 條　為提示承兌送出複本之一者，應於其他各份上載明接收人之姓名或商號及其住址。
匯票上有前項記載者，執票人得請求接收人交還其所接收之複本。

接收人拒絕交還時，執票人非以拒絕證書證明左列各款事項，不得行使追索權：

一　曾向接收人請求交還此項複本而未經其交還。

二　以他複本為承兌或付款之提示，而不獲承兌或付款。

第一二節　謄本

第 118 條　執票人有作成匯票謄本之權利。

謄本應標明謄本字樣，謄寫原本之一切事項，並註明迄於何處為謄寫部分。

執票人就匯票作成謄本時，應將已作成謄本之旨，記載於原本。

背書及保證，亦得在謄本上為之，與原本上所為之背書及保證，有同一效力。

第 119 條　為提示承兌送出原本者，應於謄本上載明，原本接收人之姓名或商號及其住址。

匯票上有前項記載者，執票人得請求接收人交還原本。

接收人拒絕交還時，執票人非將曾向接收人請求交還原本而未經其交還之事由，以拒絕證書證明，不得行使追索權。

第三章　本票

第 120 條　本票應記載左列事項，由發票人簽名：

一　表明其為本票之文字。

二　一定之金額。

三　受款人之姓名或商號。

四　無條件擔任支付。

五　發票地。

六　發票年、月、日。

七　付款地。

八　到期日。

未載到期日者，視為見票即付。

未載受款人者，以執票人為受款人。

未載發票地者，以發票人之營業所、住所或居所所在地為發票地。

未載付款地者，以發票地為付款地。

見票即付，並不記載受款人之本票，其金額須在五百元以上。

第 121 條　本發票發票人所負責任，與匯票承兌人同。

第 122 條　見票後定期付款之本票，應由執票人向發票人為見票之提示，請其簽名，並記載見票字樣及日期，其提示期限，準用第四十五條之規定。未載見票日期者，應以所定提示見票期限之末日為見票日。

發票人於提示見票時，拒絕簽名者，執票人應於提示見票期限內，請求作成拒絕證書。

執票人依前項規定作成見票拒絕證書後，無須再為付款之提示，亦無須再請求作成付款拒絕證書。

執票人不於第四十五條所定期限內為見票之提示或作拒絕證書者，對於發票人以外之前手喪失追索權。

第 123 條　執票人向本票發票人行使追索權時，得聲請法院裁定後強制執行。

第 124 條　第二章第一節第二十五條第二項、第二十六條第一項及第二十八條，關於發票人之規定；第二章第二節關於背書之規定，除第三十五條外；第二章第五節關於保證之規定；第二章第六節關於到期日之規定，第二章第七節關於付款之規定；第二章第八節關參加付款之規定，除第七十九條及第八十二條第二項外；第二章第九節關於追索權之規定，除第八十七條第一項、第八十八條及第一百零一條外；第二章第十節關於拒絕證書之規定；第二章第十二節關於謄本之規定，除第一百十九條外；均於本票準用之。

第四章　支票

第 125 條　支票應記載左列事項，由發票人簽名：

一　表明其為支票之文字。

二　一定之金額。

三　付款人之商號。

四　受款人之姓名或商號。

五　無條件支付之委託。

六　發票地。

七　發票年、月、日。

八　付款地。

未載受款人者，以執票人為受款人。

未載發票地者，以發票人之營業所、住所或居所所在地為發票地。

發票人得以自己或付款人為受款人，並得以自己為付款人。

第 126 條　發票人應照支票文義擔保支票之支付。

第 127 條　支票之付款人，以第四條所定之金融業者為限。

第 128 條　支票限於見票即付，有相反之記載者，其記載無效。

支票在票載發票日期前，執票人不得為付款之提示。

第 129 條　以支票轉帳或抵銷者，視為支票之支付。

第 130 條　支票之執票人，應於左列期限內，為付款之提示：

一　發票地與付款地在同一省（市）區內者，發票日後七日內。

二　發票地與付款地不在同一省（市）區內者，發票日後十五日內。

三　發票地在國外，付款地在國內者，發票日後二個月內。

第 131 條　執票人於第一百三十條所定提示期限內，為付款之提示而被拒絕時，對於前手得行使追索權。但應於拒絕付款日或其後五日內，請求作成拒絕證書。

付款人於支票或黏單上記載拒絕文義及其年、月、日並簽名者，與作成拒絕證書，有同一效力。

第 132 條　執票人不於第一百三十條所定期限內為付款之提示，或不於拒絕付款日或其後五日內，請求作成拒絕證書者，對於發票人以外之前手，喪失追索權。

第 133 條　執票人向支票債務人行使追索權時，得請求自為付款提示日起之利息，如無約定利率者，依年利六釐計算。

第 134 條　發票人雖於提示期限經過後，對於執票人仍負責任。但執票人怠於提示，致使發票人受損失時，應負賠償之責，其賠償金額，不得超過票面金額。

第 135 條　發票人於第一百三十條所定期限內，不得撤銷付款之委託。

第 136 條　付款人於提示期限經過後，仍得付款。

　　　　但有左列情事之一者，不在此限：

　　　　一　發票人撤銷付款之委託時。

　　　　二　發行滿一年時。

第 137 條　付款於發票人之存款或信用契約所約定之數不敷支付支票金額時，得就一部分支付之。

　　　　前項情形，執票人應於支票上記明實收之數目。

第 138 條　付款人於支票上記載照付或保付或其他同義字樣並簽名後，其付款責任，與匯票承兌人同。

　　　　付款人於支票上已為前項之記載時，發票人及背書人免除其責任。

　　　　付款人不得為存款額外或信用契約所約定數目以外之保付，違反者應科以罰鍰。但罰鍰不得超過支票金額。

　　　　依第一項規定，經付款人保付之支票，不適用第十八條、第一百三十條及第一百三十六條之規定。

第 139 條　支票經在正面劃平行線二道者，付款人僅得對金融業者支付票據金額。

　　　　支票上平行線內記載特定金融業者，付款人僅得對特定金

融業者支付票據金額。但該特定金融業者為執票人時，得以其他金融業者為被背書人，背書 後委託其取款。

劃平行線支票之執票人，如非金融業者，應將該項支票存入其在金融業者之帳戶，委託其代為取款。

支票上平行線內，記載特定金融業者，應存入其在該特定金融業者之帳戶，委託其代為取款。

劃平線之支票，得由發票人於平行線內記載照付現款或同義字樣，由發票人簽名或蓋章於其旁，支票上有此記載者，視為平行線之撤銷。但支票經背書轉讓者，不在此限。

第 140 條　違反第一百三十九條之規定而付款者，應負賠償損害之責。但賠償金額不得超過支票金額。

第 141 條　（刪除）

第 142 條　（刪除）

第 143 條　付款人於發票人之存款或信用契約所約定之數，足敷支付支票金額時，應負支付之責。但收到發票人受破產宣告之通知者，不在此限。

第 144 條　第二章第一節第二十五條第二項關於發票人之規定；第二節關於背書之規定，除第三十五條外；第二章第七節關於付款之規定，除第六十九條第一項、第二項、第七十條、第七十二條、第七十六條外；第二章第九節關於追索權之規定，除第八十五條第二項第一款、第二款、第八十七條、第八十八條、第九十七條第一項第二款、第二項及第一百零一條外；第二章第十節關於拒絕證書之規定，除第一百零八條第二項、第一百零九條及第一百十條外；均於支票準用之。

第五章　附則

第 144-1 條　（刪除）

第 145 條　本法施行細則，由行政院定之。

第 146 條　本法自公布日施行。

附錄四　稅捐稽徵法

稅捐稽徵法

民國 89 年 05 月 17 日修正

第一章 總則

第 1 條　稅捐之稽徵，依本法之規定，本法未規定者，依其他有關法律之規定。

第 1-1 條　財政部依本法或稅法所發布之解釋函令，對於據以申請之案件發生效力。

但有利於納稅義務人者，對於尚未核課確定之案件適用之。

第 2 條　本法所稱稅捐，指一切法定之國、省（市）及縣（市）稅捐。但不包括關稅及礦稅。

第 3 條　稅捐由各級政府主管稅捐稽徵機關稽徵之，必要時得委託代徵；其辦法由行政院定之。

第 4 條　財政部得本互惠原則，對外國派駐中華民國之使領館及享受外交官待遇之人員，暨對雙方同意給與免稅待遇之機構及人員，核定免徵稅捐。

第 5 條　財政部得本互惠原則，與外國政府商訂互免稅捐，於報經行政院核准後，以外交換文方式行之。

第 6 條　稅捐之徵收，優先於普通債權。

土地增值稅之徵收，就土地之自然漲價部分，優先於一切債權及抵押權。

經法院執行拍賣或交債權人承受之土地，執行法院應於拍定或承受後五日內，將拍定或承受價額通知當地主管機關，依法核課土地增值稅，並由執行法院代為扣繳。

第 7 條　破產財團成立後，其應納稅捐為財團費用，由破產管理人依破產法之規定清償之。

第 8 條　公司重整中所發生之稅捐，為公司重整債務，依公司法之規定清償之。

第 9 條　納稅義務人應為之行為，應於稅捐稽徵機關之辦公時間內為之。但繳納稅捐，應於代收稅款機構之營業時間內為之。

第 10 條　因天災、事變而遲誤依法所定繳納稅捐期間者，該管稅捐稽徵機關，得視實際情形，延長其繳納期間，並公告之。

第 11 條　依稅法規定應自他人取得之憑證及給予他人憑證之存根或副本應保存五年。

第 11-1 條　本法所稱相當擔保，係指相當於擔保稅款之左列擔保品：

一　黃金，按九折計算，經中央銀行掛牌之外幣、核准上市之有價證券，按八折計算；其計值辦法，由財政部定之。

二　政府發行經規定可十足提供公務擔保之公債，按面額計值。

三　銀行存款單摺，按存款本金額計值。

四　其他經財政部核准，易於變價及保管，且無產權糾紛之財產。

第 11-2 條　依本法或稅法規定應辦理之事項及應提出之文件，得以電磁紀錄或電子傳輸方式辦理或提出；其實施辦法，由財政部訂之。

第二章　納稅義務

第 12 條　共有財產，由管理人負納稅義務；未設管理人者，共有人各按其應有部分負納稅義務，其為公同共有時，以全體公同共有人為納稅義務人。

第 13 條　法人、合夥或非法人團體解散清算時，清算人於分配賸餘財產前，應依法按稅捐受清償之順序，繳清稅捐。
清算人違反前項規定者，應就未清繳之稅捐負繳納義務。

第 14 條　納稅義務人死亡，遺有財產者，其依法應繳納之稅捐，應

由遺囑執行人、繼承人、受遺贈人或遺產管理人，依法按稅捐受清償之順序，繳清稅捐後，始得分割遺產或交付遺贈。

遺囑執行人、繼承人、受遺贈人或遺產管理人，違反前項規定者，應就未清繳之稅捐，負繳納義務。

第 15 條　營利事業因合併而消滅時，其在合併前之應納稅捐，應由合併後存續或另立之營利事業負繳納之義務。

第三章　稽徵

第一節　繳納通知書

第 16 條　繳納通知文書，應載明繳納義務人之姓名或名稱、地址、稅別、稅額、稅率、繳納期限等項，由稅捐稽徵機關填發。

第 17 條　納稅義務人如發現繳納通知文書有記載、計算錯誤或重複時，於規定繳納期間內，得要求稅捐稽徵機關，查對更正。

第二節　送達

第 18 條　稅捐稽徵機關為稽徵稅捐所發之各種文書，應受送達人拒絕收受者，稅捐稽徵機關得將文書寄存送達地之自治或警察機關，並作成送達通知書，黏貼於應受送達人之住所、居所、事務所或營業所門首，以為送達。

應受送達人行蹤不明，致文書無法送達者，稅捐稽徵機關應先向戶籍機關查明；如無著落時，應由稅捐稽徵機關保管應送達之文書，而於其牌示處黏貼，並於新聞紙登載公告，曉示應受送達人，應隨時向其領取。

前項公示送達，自將公告黏貼牌示處並自登載新聞紙之日起經二十日，發生送達效力。

繳納稅捐之文書，稅捐稽徵機關，應於該文書所載開始繳納稅捐日期前送達。

第 19 條　為稽徵稅捐所發之各種文書，得向納稅義務人之代理人、

代表人、經理人或管理人以為送達，應受送達人在服役中
者，得向其父母或配偶以為送達；無父母或配偶者，得委
託服役單位代為送達。

為稽徵土地稅或房屋稅所發之各種文書，得以使用人為應
受送達人。

對公同共有人中之一人為送達者，其效力及於全體。

第三節　徵收

第20條　依稅法規定逾期繳納稅捐應加徵滯納金者，每逾二日按滯
納數額加徵百分之一滯納金；逾三十日仍未繳納者，移送
法院強制執行。

第21條　稅捐之核課期間，依左列規定：
一　依法應由納稅義務人申報繳納之稅捐，已在規定期間
內申報，且無故意以詐欺或其他不正當方法逃漏稅捐
者，其核課期間為五年。
二　依法應由納稅義務人實貼之印花稅，及應由稅捐稽徵
機關依稅籍底冊或查得資料核定課徵之稅捐，其核課
期間為五年。
三　未於規定期間內申報，或故意以詐欺或其他不正當方
法逃漏稅捐者；其核課期間為七年。
在前項核課期間內，經另發現應徵之稅捐者，仍應依法補
徵或並予處罰，在核課期間內未經發現者，以後不得再補
稅處罰。

第22條　前條第一項核課期間之起算，依左列規定：
一　依法應由納稅義務人申報繳納之稅捐，已在規定期間
內申報者，自申報日起算。
二　依法應由納稅義務人申報繳納之稅捐，未在規定期間
內申報繳納者，自規定申報期間屆滿之翌日起算。
三　印花稅自依法應貼用印花稅票日起算。
四　由稅捐稽徵機關按稅籍底冊或查得資料核定徵收之稅
捐，自該稅捐所屬徵期屆滿之翌日起算。

第 23 條　　稅捐之徵收期間為五年，自繳納期間屆滿之翌日起算；應
　　　　　　徵之稅捐未於徵收期間徵起者，不得再行徵收。但於徵收
　　　　　　期間屆滿前，已移送法院強制執行，或已依強制執行法規
　　　　　　定聲明參與分配，或已依破產法規定申報債權尚未結案
　　　　　　者，不在此限。
　　　　　　應徵之稅捐，有第十條、第二十五條、第二十六條或第二
　　　　　　十七條規定情事者，前項徵收期間，自各該變更繳納期間
　　　　　　屆滿之翌日起算。
　　　　　　依第三十九條暫緩移送法院強制執行或其他法律規定停止
　　　　　　稅捐之執行者，第一項徵收期間之計算，應扣除暫緩執行
　　　　　　或停止執行之期間。

第 24 條　　納稅義務人欠繳應納稅捐者，稅捐稽徵機關得就納稅義務
　　　　　　人相當於應繳稅捐數額之財產，通知有關機關，不得為移
　　　　　　轉或設定他項權利；其為營利事業者，並得通知主管機
　　　　　　關，限制其減資或註銷之登記。
　　　　　　前項欠繳應納稅捐之納稅義務人，有隱匿或移轉財產、逃
　　　　　　避稅捐執行之跡象者，稅捐稽徵機關得聲請法院就其財產
　　　　　　實施假扣押，並免提供擔保。但納稅義務人已提供相當財
　　　　　　產擔保者，不在此限。
　　　　　　納稅義務人欠繳應納稅捐達一定金額者，得由司法機關或
　　　　　　財政部，函請內政部入出境管理局，限制其出境；其為營
　　　　　　利事業者，得限制其負責人出境。但其已提供相當擔保
　　　　　　者，應解除其限制。其實施辦法，由行政院定之。

第 25 條　　有左列情形之一者，稅捐稽徵機關，對於依法應徵收之稅
　　　　　　捐，得於法定開徵日期前稽徵之。但納稅義務人能提供相
　　　　　　當擔保者，不在此限：
　　　　　一　納稅義務人顯有隱匿或移轉財產，逃避稅捐執行之跡
　　　　　　　象者。
　　　　　二　納稅義務人於稅捐法定徵收日期前，申請離境者。
　　　　　三　因其他特殊原因，經納稅義務人申請者。

納稅義務人受破產宣告或經裁定為公司重整前，應徵收之稅捐而未開徵者，於破產宣告或公司重整裁定時，視為已到期之破產債權或重整債權。

第四節　緩繳

第 26 條　納稅義務人因天災、事變或遭受重大財產損失，不能於法定期間內繳清稅捐者，得於規定納稅期間內，向稅捐稽徵機關申請延期或分期繳納，其延期或分期繳納之期間，不得逾三年。

第 27 條　納稅義務人對核准延期或分期繳納之任何一期應繳稅捐，未如期繳納者，稅捐稽徵機關應於該期繳納期間屆滿之翌日起三日內，就未繳清之餘額稅款，發單通知納稅義務人，限十日內一次全部繳清；逾期仍未繳納者，移送法院強制執行。

第五節　退稅

第 28 條　納稅義務人對於因適用法令錯誤或計算錯誤溢繳之稅款，得自繳納之日起五年內提出具體證明，申請退還；逾期未申請者，不得再行申請。

第 29 條　納稅義務人應退之稅捐，稅捐稽徵機關應先抵繳其積欠。並於扣抵後，應即通知該納稅義務人。

第六節　調查

第 30 條　稅捐稽徵機關或財政部賦稅署指定之調查人員，為調查課稅資料，得向有關機關、團體或個人進行調查，要求提示有關文件，或通知納稅義務人，到達其辦公處所備詢，被調查者不得拒絕。

被調查者以調查人員之調查為不當者，得要求調查人員之服務機關或其上級主管機關為適當之處理。

納稅義務人及其他關係人提供帳簿、文據時，該管稽徵機關或財政部賦稅署應掣給收據，除涉嫌違章漏稅者外，應於帳簿、文據提送完全之日起，七日內發還之；其有特殊情形，經該管稽徵機關或賦稅署首長核准者，得延長發還

時間七日。

第 31 條　稅捐稽徵機關對逃漏所得稅及營業稅涉有犯罪嫌疑之案件，得敘明事由，聲請當地司法機關簽發搜索票後，會同當地警察或自治人員，進入藏置帳簿、文件或證物之處所，實施搜查；搜查時非上述機關人員不得參與。經搜索獲得有關帳簿、文件或證物，統由參加搜查人員，會同攜回該管稽徵機關，依法處理。司法機關接到稽徵機關前項聲請時，如認有理由，應儘速簽發搜索票；稽徵機關應於搜索票簽發後十日內執行完畢，並將搜索票繳回司法機關。其他有關搜索及扣押事項，準用刑事訴訟法之規定。

第 32 條　稅捐稽徵機關或財政部指定之調查人員依法執行公務時，應出示有關執行職務之證明文件；其未出示者，被調查者得拒絕之。

第 33 條　稅捐稽徵人員對於納稅義務人提供之財產、所得、營業及納稅等資料，除對下列人員及機關外，應絕對保守秘密，違者應予處分；觸犯刑法者，並應移送法院論罪：

一　納稅義務人本人或其繼承人。

二　納稅義務人授權代理人或辯護人。

三　稅捐稽徵機關。

四　監察機關。

五　受理有關稅務訴願、訴訟機關。

六　依法從事調查稅務案件之機關。

七　經財政部核定之機關與人員。

八　債權人已取得民事確定判決或其他執行名義者。

稅捐稽徵機關對其他政府機關為統計目的而供應資料，並不洩漏納稅義務人之姓名或名稱者，不受前項之限制。

第一項第四款至第七款之機關人員及第八款之人，對稽徵機關所提供第一項之資料，如有洩漏情事，準用同項對稽徵人員洩漏秘密之規定。

第 34 條　財政部或經其指定之稅捐稽徵機關，對重大欠稅案件或重

大逃漏稅捐案件經確定後,得公告其欠稅人或逃漏稅捐人
姓名或名稱與內容,不受前條第一項限制。

財政部或經其指定之稅捐稽徵機關,對於納稅額較高之納
稅義務人,得經其同意,公告其姓名或名稱,並予獎勵;
甚獎勵辦法,由財政部定之。

第一項所稱確定,係指左列各種情形:

一　經稅捐稽徵機關核定之案件,納稅義務人未依法申請
　　復查者。

二　經復查決定,納稅義務人未依法提起訴願者。

三　經訴願決定,納稅義務人未依法提起再訴願者。

四　經再訴願決定,納稅義務人未依法提行政訴訟者。

五　經行政訴訟判決者。

第四章　行政救濟

第 35 條　納稅義務人對於核定稅捐之處分如有不服,應依規定格
　　　　式,敘明理由,連同證明文件,依左列規定,申請復查:

一　依核定稅額通知書所載有應納稅額或應補徵稅額者,
　　應於繳款書送達後,於繳納期間屆滿翌日起算三十日
　　內,申請復查。

二　依核定稅額通知書所載無應納稅額或應補稅額者,應
　　於核定稅額通知書送達後三十日內,申請復查。

納稅義務人或其代理人,因天災事變或其他不可抗力之事
由,遲誤申請復查期間者,於其原因消滅後一個月內,得
提出具體證明,申請回復原狀。

但遲誤申請復查期間已逾一年者,不得申請。

前項回復原狀之申請,應同時補行申請復查期間內應為之
行為。

稅捐稽徵機關對有關復查之申請,應於接到申請書後二個
月內復查決定,並作成決定書,通知納稅義務人。

前項期間屆滿後,稅捐稽徵機關仍未作成決定者,納稅義

務人得逕行提起訴願。

第 35-1 條　國外輸入之貨物，由海關代徵之稅捐，其徵收及行政救濟
　　　　　程序，準用關稅法及海關緝私條例之規定辦理。

第 36 條　（刪除）

第 37 條　（刪除）

第 38 條　納稅義務人對稅捐稽徵機關之復查決定如有不服，得依法
　　　　提起訴願及行政訴訟。

　　　　經依復查、訴願或行政訴訟等程序終結決定或判決，應退
　　　　還稅款者，稅捐稽徵機關應於復查決定，或接到訴願決定
　　　　書，或行政法院判決書正本後十日內退回；並自納稅義務
　　　　人繳納該項稅款之日起，至填發收入退還書或國庫支票之
　　　　日止，按退稅額，依繳納稅款之日郵政儲金匯業局之一年
　　　　期定期存款利率，按日加計利息，一併退還。

　　　　經依復查、訴願或行政訴訟程序終結決定或判決，應補繳
　　　　稅款者，稅捐稽徵機關應於復查決定，或接到訴願決定
　　　　書，或行政法院判決書正本後十日內，填發補繳稅款繳納
　　　　通知書，通知納稅義務人繳納，並自該項補繳稅款原應繳
　　　　納期間屆滿之次日起，至填發補繳稅款繳納通知書之日
　　　　止，按補繳稅額，依原應繳納稅款期間屆滿之日郵政儲金
　　　　匯業局之一年期定期存款利率，按日加計利息，一併徵
　　　　收。

第五章　強制執行

第 39 條　納稅義務人應納稅捐，於繳納期間屆滿三十日後仍未繳納
　　　　者，由稅捐稽徵機關移送法院強制執行。但納稅義務人已
　　　　依第三十五條規定申請復查者，暫緩移送法院強制執行。

　　　　前項暫緩執行之案件，除有左列情形之一者外，稽徵機關
　　　　應移送法院強制執行：

　　　　一　納稅義務人對復查決定之應納稅額繳納半數，並依法
　　　　　　提起訴願者。

二　納稅義務人依前款規定繳納半數稅額確有困難，經稽
徵機關核准，提供相當擔保者。

第 40 條　稅捐稽徵機關，認為移送法院強制執行不當者，得向法院
撤回。已在執行中者，應即聲請停止執行。

第六章　罰則

第 41 條　納稅義務人以詐術或其他不正當方法逃漏稅捐者，處五年
以下有期徒刑、拘役或科或併科新台幣六萬元以下罰金。

第 42 條　代徵人或扣繳義務人以詐術或其他不正當方法匿報、短
報、短徵或不為代徵或扣繳稅捐者，處五年以下有期徒
刑、拘役或科或併科新台幣六萬元以下罰金。

代徵人或扣繳義務人侵占已代繳或已扣繳之稅捐者，亦
同。

第 43 條　教唆或幫助犯第四十一條或第四十二條之罪者，處三年以
下有期徒刑、拘役或科新台幣六萬元以下罰金。

稅務人員、執行業務之律師、會計師或其他合法代理人犯
前項之罪者，加重其刑至二分之一。

稅務稽徵人員違反第三十三條規定者，除觸犯刑法者移送
法辦外，處一萬元以上五萬元以下罰鍰。

第 44 條　營利事業依法規定應給與他人憑證而未給與，應自他人取
得憑證而未取得，或應保存憑證而未保存者，應就其未給
與憑證、未取得憑證或未保存憑證，經查明認定之總額，
處百分之五罰鍰。

第 45 條　依規定應設置帳簿而不設置，或不依規定記載者，處新台
幣三千元以上七千五百元以下罰鍰，並應通知限於一個月
內依規定設置或記載；期滿仍未依照規定設置或記載者，
處新台幣七千五百元以上一萬五千元以下罰鍰，並再通知
於一個月內依規定設置或記載；期滿仍未依照規定設置或
記載者，應予停業處分，至依規定設置或記載帳簿時，始
予復業。

依規定應驗印之帳簿，未於規定期限內送請主管稽徵機關驗印者，除通知限期補辦外，處新台幣一千五百元以上一萬五千元以下罰鍰；逾期仍未補辦者，得連續處罰至補辦為止。

不依規定保存帳簿或無正當理由而不將帳簿留置於營業場所者，處新台幣一萬五千元以上六萬元以下罰鍰。

第 46 條　拒絕稅捐稽徵機關或財政部賦稅署指定之調查人員調查，或拒不提示有關課稅資料、文件者，處新台幣三千元以上三萬元以下罰鍰。

納稅義務人經稅捐稽徵機關或財政部賦稅署指定之調查人員通知到達備詢，納稅義務人本人或受委任之合法代理人，如無正當理由而拒不到達備詢者，處新台幣三千元以下罰鍰。

第 47 條　本法關於納稅義務人、扣繳義務人及代徵人應處徒刑之規定，於左列之人適用之：

一　公司法規定之公司負責人。

二　民法或其他法律規定對外代表法人之董事或理事。

三　商業登記法規定之商業負責人。

四　其他非法人團體之代表人或管理人。

第 48 條　納稅義務人逃漏稅捐情節重大者，除依有關稅法規定處理外，財政部並得停止其享受獎勵之待遇。

第 48-1 條　納稅義務人自動向稅捐稽徵機關補報並補繳所漏稅款者，凡屬未經檢舉、未經稽徵機關或財政部指定之調查人員進行調查之案件，左列之處罰一律免除；其涉及刑事責任者，並得免除其刑：

一　本法第四十一條至第四十五條之處罰。

二　各稅法所定關於逃漏稅之處罰。

前項補繳之稅款，應自該項稅捐原繳納期限截止之次日起，至補繳之日止，就補繳之應納稅捐，依原應繳納稅款期間屆滿之日郵政儲金匯業局之一年期定期存款利率按日

加計利息，一併徵收。

第 48-2 條　依本法或稅法規定應處罰鍰之行為，其情節輕微，或漏稅在一定金額以下者，得減輕或免予處罰。

前項情節輕微、金額及減免標準，由財政部擬訂，報請行政院核定後發布之。

第 48-3 條　納稅義務人違反本法或稅法之規定，適用裁處時之法律。但裁處前之法律有利於納稅義務人者，適用最有利於納稅義務人之法律。

第七章　附則

第 49 條　滯納金、利息、滯報金、怠報金、短估金及罰鍰等，除本法另有規定者外，準用本法有關稅捐之規定。但第六條關於稅捐優先及第三十八條，關於加計利息之規定，對於罰鍰不在準用之列。

第 50 條　本法對於納稅義務人之規定，除第四十一條規定外，於扣繳義務人、代徵人、代繳人及其他依本法負繳納稅捐義務之人準用之。

第 50-1 條　本法修正前，應徵稅捐之繳納期間已屆滿者，其徵收期間自本法修正公布生效日起算五年。

本法修正公布生效日前，已進行之徵收期間，應自前項徵收期間內扣除。

第 50-2 條　依本法或稅法規定應處罰鍰者，由主管稽徵機關處分之，不適用稅法處罰程序之有關規定，受處分人如有不服，應依行政救濟程序辦理。但在行政救濟程序終結前，免依本法第三十九條規定予以強制執行。

第 50-3 條　本法修正前所發生應處罰鍰之行為，於本法修正公布生效日未裁罰確定者，適用第四十八條之二規定辦理。

第 50-4 條　依本法或稅法規定應處罰鍰之案件，於本法修正施行前尚未移送法院裁罰者，依本法之規定由主管稽徵機關處分之；其已移送法院裁罰者，仍依本法修正施行前各稅法之

　　　　　　規定由法院裁罰。

第 50-5 條　本法施行細則，由財政部擬訂，報請行政院核定後發布
　　　　　　之。

第 51 條　　本法自公布日施行。

國家圖書館出版品預行編目資料

幼教機構財務管理／戰寶華作. --初版.--
臺北市：心理，2005（民 94）
面；　公分.--（幼兒教育系列；51077）
參考書目：面

ISBN 978-957-702-770-2（平裝）

1.幼稚園—管理　2.托兒所—管理　3.財務管理

523.28　　　　　　　　　　　　　　　94002737

幼兒教育系列 51077

幼教機構財務管理

作　　者：戰寶華
總 編 輯：林敬堯
發 行 人：洪有義
出 版 者：心理出版社股份有限公司
地　　址：231 新北市新店區光明街 288 號 7 樓
電　　話：(02) 29150566
傳　　真：(02) 29152928
郵撥帳號：19293172　心理出版社股份有限公司
網　　址：http://www.psy.com.tw
電子信箱：psychoco@ms15.hinet.net
駐美代表：Lisa Wu（lisawu99@optonline.net）
排 版 者：辰皓國際出版製作有限公司
印 刷 者：辰皓國際出版製作有限公司
初版一刷：2005 年 3 月
初版四刷：2017 年 1 月
I S B N：978-957-702-770-2
定　　價：新台幣 320 元